MEU NOME
É SELMA

Selma van de Perre

MEU NOME É SELMA

A Extraordinária Biografia de uma
Combatente da Resistência Judaica Holandesa e
Sobrevivente do Campo de Concentração de Ravensbrück

Tradução
Jacqueline Damásio Valpassos

Título do original: *Mijn naam is Selma*.
Copyright © 2020 Selma van de Perre.
Originalmente publicado por Thomas Rap, Amsterdã.
Fotos, cortesia da autora.
Copyright da edição brasileira © 2022 Editora Pensamento-Cultrix Ltda.
1ª edição 2022.
Todos os direitos reservados. Nenhuma parte desta obra pode ser reproduzida ou usada de qualquer forma ou por qualquer meio, eletrônico ou mecânico, inclusive fotocópias, gravações ou sistema de armazenamento em banco de dados, sem permissão por escrito, exceto nos casos de trechos curtos citados em resenhas críticas ou artigos de revistas.

A Editora Seoman não se responsabiliza por eventuais mudanças ocorridas nos endereços convencionais ou eletrônicos citados neste livro.

Editor: Adilson Silva Ramachandra
Gerente editorial: Roseli de S. Ferraz
Preparação de originais: Alessandra Miranda de Sá
Gerente de produção editorial: Indiara Faria Kayo
Editoração eletrônica: Join Bureau
Revisão: Vivian Miwa Matsushita

Dados Internacionais de Catalogação na Publicação (CIP)
(Câmara Brasileira do Livro, SP, Brasil)

Perre, Selma van de
 Meu nome é Selma: a extraordinária biografia de uma combatente da resistência judaica holandesa e sobrevivente do campo de concentração de Ravensbruck / Selma van de Perre; tradução Jacqueline Damásio Valpassos. – 1. ed. – São Paulo: Editora Seoman, 2022.

 Título original: My name is Selma : the remarkable memoir of a Jewish resistance fighter and Ravensbruck survivor

 ISBN 978-65-87143-20-0
 1. Holocausto, Judeu (1939-1945) – Narrativas pessoais 2. Holocausto – Sobreviventes – Biografia 3. Perre, Selma van de, 1922- 4. Ravensbrück (Campo de concentração) 5. Sobreviventes do Holocausto I. Título.

21-92263 CDD-940.5318092

Índices para catálogo sistemático:
1. Holocausto: Sobreviventes: Biografia 940.5318092
Maria Alice Ferreira – Bibliotecária – CRB-8/7964

Seoman é um selo editorial da Pensamento-Cultrix.

Direitos de tradução para o Brasil adquiridos com exclusividade pela
EDITORA PENSAMENTO-CULTRIX LTDA., que se reserva a
propriedade literária desta tradução.
Rua Dr. Mário Vicente, 368 — 04270-000 — São Paulo, SP – Fone: (11) 2066-9000
http://www.editoraseoman.com.br
E-mail: atendimento@editoraseoman.com.br
Foi feito o depósito legal.

Para meus pais e minha irmã.

Sumário

Prólogo 9

1   O artista e a chapeleira: *Minha família* 13

2   Saltando valas: *Minha infância* 23

3   Cidadãos de segunda classe: *A ocupação* 39

4   Longe de casa: *Uma família escondida* 59

5   Cabelos descoloridos: *Na resistência* 87

6   Gavetas secretas: *Minha prisão* 131

7   Macacões azuis: *Campo Vught* 147

8   A passagem da morte: *Ravensbrück* 157

9   Meu verdadeiro nome: *A libertação* 191

10 Levando a vida: *Londres* 219

11 Relembrando os mortos 233

Epílogo 241

Fotos 243

Prólogo

6 de setembro de 1944 [para Greet Brinkhuis]

Prezada Gretchen,

Estou em um vagão de transporte de gado com doze mulheres, em Vught. Provavelmente, rumo a Sachsenhausen ou Ravensbrück. Trate de manter o ânimo elevado. Farei o mesmo, embora realmente deseje que o fim esteja próximo. Vou jogar este bilhete para fora do trem por uma fenda na parede. Adeus, minha querida.

Beijos, Marga

Recebemos ordens de reunir nossas escovas de dentes e outros pertences e aguardar do lado de fora. Era evidente que seríamos levadas para outro lugar, mas para onde? Não sabíamos. Achei que seria mais seguro permanecer no Campo Vught do que partir para o desconhecido, então, decidi me esconder debaixo de um colchão. Deixei as outras mulheres irem na frente e fiquei para trás nos barracões, mas não fui rápida o suficiente. A guarda da SS – a *Aufseherin** – apareceu enquanto eu ainda estava parcialmente escondida. Ela ordenou que me apressasse, arrastou-me para fora pelo braço e me empurrou para o último vagão. Esse ligeiro atraso funcionou a meu favor: ainda não havia muitas de nós lá dentro. Os outros vagões estavam abarrotados e as pobres mulheres em seu interior – entre elas, minhas amigas no campo – passaram os três dias seguintes viajando em condições terríveis.

Havia apenas cerca de doze mulheres no meu vagão. Não conhecia nenhuma delas. Algumas eram mais jovens – na casa dos vinte, como eu. Não eram prisioneiras políticas, como era o meu caso, mas "antissociais", pessoas que tinham feito algo de que os alemães não haviam gostado. Logo perceberam que eu era diferente – instruída, esse tipo de coisa. A maioria delas revelaram-se prostitutas presas para tratamento de doenças sexualmente transmissíveis.

No campo, trabalhavam na cozinha e haviam conseguido trazer furtivamente para o trem uma grande caixa de pão e salsicha, bem como um panelão de sopa. Foi um tremendo golpe de sorte; eu sabia que os outros vagões não disporiam de tais suprimentos. Mas, quando começaram a discutir sobre a comida – algumas delas queriam começar a consumi-la de imediato –,

---

* Supervisora ou inspetora, como eram chamadas as guardas femininas dos campos de concentração. (N. da T.)

percebi ser óbvio que aquelas mulheres ignoravam como eram afortunadas.

Presumimos estar a caminho de algum lugar na Alemanha, mas, como não sabíamos quanto tempo duraria a viagem, achei que seria sensato racionar as provisões. Externei tal pensamento às outras mulheres com cautela e, felizmente, elas ouviram. Pediram-me que distribuísse a comida e fiquei honrada em fazê-lo. Servi a sopa em porções e cortei em fatias o pão e a salsicha – não deixaram de notar que eu fazia o possível para dar a todas porções iguais.

Havia espaço suficiente para todas nós nos sentarmos no chão do vagão, e algumas também tinham um trecho de parede para se apoiarem. Não conversávamos muito umas com as outras. As meninas da cozinha se falavam vez ou outra – elas já se conheciam. Conforme o tempo foi passando, as mulheres se tornaram um pouco mais amistosas em relação a mim – compartilharam um pouco de papel higiênico, por exemplo. E foi naquele papel que rabisquei às pressas um bilhete para minha grande amiga em Amsterdã, Greet Brinkhuis.

Contei a ela que estava em um trem que provavelmente se dirigia para a Alemanha. Quando paramos na primeira estação – a última cidade na Holanda antes de entrarmos na Alemanha, de fato –, empurrei o bilhete por um espaço entre as pranchas de madeira do vagão. Embora fosse muito improvável que a mensagem chegasse até ela, não custava tentar.

A viagem parecia interminável, mesmo para nós, naquele último e privilegiado vagão. Sentia-me ansiosa, embora também houvesse uma sensação de que a guerra não duraria muito mais tempo. Sabíamos que os Aliados já estavam na fronteira. Eu sabia também que não poderia fazer nada para mudar o que estava acontecendo, então, tentei não me preocupar muito com isso. Era inútil, essa era a verdade.

Dormimos no chão de madeira do vagão. Era desconfortável, mas devia ser muito pior para minhas amigas nos outros vagões – com cinquenta ou sessenta mulheres amontoadas em seu interior, elas não teriam condições nem de se sentar. E também não dispunham de alimentos. Embora não tivesse me dado conta na época, tive sorte.

Depois de três dias e duas noites enclausuradas nos vagões, chegamos ao nosso destino no dia 8 de setembro. As portas deslizantes do vagão de transporte de gado se abriram e tivemos nosso primeiro vislumbre do que mais tarde descobrimos ser Ravensbrück. Ironicamente, aquele lugar lúgubre e terrível está localizado perto de um grande lago – o Schwedtsee –, em uma bela região, mas não podíamos ver nada disso. Os oficiais da SS que aguardavam por nós na plataforma estavam acompanhados de cães enormes e brandiam chicotes. Os cães latiam e os homens, assim como as guardas – as *Aufseherinnen* –, gritavam para que saíssemos do vagão.

– *Schnell, schnell, schnell! Heraus, heraus, heraus!*

Rápido, rápido, rápido! Fora, fora, fora!

Estávamos apavoradas.

1

O Artista e a Chapeleira:
Minha Família

Estou sentada aqui, na minha tranquila residência em Londres, olhando para uma foto tirada em 1940. É de minha mãe, minha irmã mais nova e eu. Estamos relaxando no jardim da tia Sara em Amsterdã, que, naquele momento, ainda era um local pacífico. Minha mãe, a quem carinhosamente chamávamos de Mams, tinha 51 anos na época; minha irmã Clara, 12; e eu, 18. É um retrato da vida diária de uma família comum; estávamos aproveitando uma tarde agradável, desfrutando do jardim e da companhia umas das outras. Uma imagem emblemática de um momento em família: amoroso, seguro, confortável, previsível. Não há nenhum indício em nossos semblantes do que estava por vir nos três anos seguintes: as mortes de meu pai, minha mãe e Clara; minha avó; tia Sara, seu marido Arie e seus dois filhos; e tantos outros membros da família.

Nenhuma dessas mortes se deveu a causas naturais ou acidentes. Elas foram o resultado das atrocidades que já se espalhavam pela Europa quando a foto foi tirada e que logo se infiltrariam na Holanda. Antes desses eventos devastadores, não tínhamos noção do privilégio que era levar uma vida anônima. Ainda mal posso acreditar que pessoas que deveriam ter permanecido sem qualquer destaque acabaram sendo homenageadas em listas e monumentos – porque sucumbiram vítimas do assassinato em massa mais sistemático que o mundo já conheceu.

Como a maioria das pessoas, nasci em uma família comum cujas experiências eram notáveis apenas para os envolvidos. Meu avô paterno, Levi Velleman, era um comerciante de antiguidades em Schagen. Ele tinha uma loja lá e outra em Haarlem, mas nunca foi um homem rico. Minha avó paterna, Saartje Velleman (Slagter era o nome de solteira), era dona de casa, como a maioria das mulheres da época – embora ela não se adequasse a tal estereótipo, visto que não era muito boa nisso. Era péssima na cozinha e na faxina, e sua filha mais velha, minha tia Greta, me contava que a casa estava sempre uma bagunça, com as roupas jogadas desordenadamente nas gavetas, de modo que ninguém conseguia localizar coisa alguma. Havia uma criada que morava na casa e fazia todo o trabalho pesado, mas, à medida que tia Greta crescia, ela foi assumindo cada vez mais responsabilidades nas tarefas domésticas gerais e cuidava dos irmãos e irmãs mais novos.

Meu pai, Barend Levi Velleman, o primeiro filho de Levi e Saartje, nasceu em 10 de abril de 1889. Seu nascimento bem-sucedido deve ter sido um alívio para o meu avô, cuja primeira esposa – Betje – morrera no parto, seguida quatro dias depois por seu pequenino, também chamado Barend. Os Velleman nomeavam o primogênito de cada geração alternadamente como Barend Levi e Levi Barend, porque eram descendentes da tribo bíblica de Levi.

O vovô Velleman deve ter tido muita vontade de constituir família, porque em 20 de junho de 1888, apenas quatro meses após a morte da primeira esposa, ele se casou com a vovó. Saartje, cinco anos e meio mais velha, tinha 30 anos quando meu pai nasceu – naquela época, tal idade era considerada avançada para se ter o primeiro filho. Contudo, Saartje era uma mulher forte: carregou no ventre ao todo dez crianças, a última delas quando tinha 43 anos de idade. Sobreviveu ao meu avô, que morreu em 1923, aos 58, por muitos anos. Quem sabe a longevidade que alcançaria se não tivesse sido assassinada em Auschwitz, aos 83, em 28 de setembro de 1942, apenas algumas semanas antes de meu pai, filho dela, também ser morto.

A chegada de um filho saudável foi motivo de comemoração. Porém, mesmo famílias completamente comuns passam por traumas, e para meu pai a sensação de ser valorizado logo desapareceu. Em 16 de abril de 1892, quando ele tinha 3 anos, nasceu sua irmã Greta. Um dia, quando Saartje trocava a fralda de Greta, alguém bateu à porta. Saartje foi atendê-la, deixando o pequeno Barend para trás com a bebê. Quando ela retornou, Greta estava no chão, chorando. Saartje culpou meu pai e presumiu que ele empurrara a irmãzinha para fora da mesa em um acesso de ciúme. Tia Greta contou mais tarde que era provável ter apenas rolado e caído, mas talvez vovó estivesse certa. Como acontece com tantas histórias de família, nunca saberemos a verdade. Em todo caso, meu pai foi enviado para a casa dos avós paternos. Ele passou o restante da infância morando com eles em Alkmaar, onde cresceu mais ou menos como filho deles.

É difícil compreender como a vovó foi capaz de desistir de seu primogênito, mas três meses após o nascimento de Greta ela estava grávida de novo, então, talvez cuidar de uma criança pequena e também de um bebê enquanto carregava outro fosse coisa demais para ela. Organizar um lar já não era seu forte e deve ter representado um alívio ter algumas de suas responsabilidades assumidas por outra pessoa. Seja como for, os avós do meu pai ficaram muito satisfeitos de o neto ir morar com eles.

À medida que a família continuava a crescer, meu pai permaneceu em Alkmaar, enquanto seus pais e sete irmãos e irmãs mais novos que sobreviveram ficaram juntos. Por ser o único excluído da família, ele se sentia terrivelmente rejeitado. Seu exílio precoce o perseguiu pelo resto da vida; ele nunca perdoou a mãe por não tê-lo aceitado de volta. Embora tenha tido contato com ela durante a infância, quando adulto recusou-se a falar com ela durante anos.

Não conheci a família dele até o fim da minha adolescência, com exceção do tio Harry, um dos irmãos mais novos de papai com quem ele mantinha contato. Presumo que ele ocasionalmente tivesse notícias dos outros irmãos, embora nunca mencionasse isso. Eu tinha curiosidade sobre eles, mas o distanciamento era uma parte tão importante de nossa vida familiar que o tomava como natural, sem pensar muito a respeito.

Em 1941, quando eu tinha 19 anos, essa situação chegou ao fim. Um dia, a campainha tocou e atendi. Na soleira da porta estava uma elegante mulher vestida de preto, com o cabelo preso em um coque alto.

– Seu pai está em casa? – perguntou ela.

Fui buscar papai.

– Mãe! – ele gritou.

Olhei-a com espanto.

Fiquei muito feliz por ser apresentada a novos familiares e por vir a conhecer, em especial, tia Greta, já que todos sempre haviam dito que eu era parecida com ela, tanto na aparência quanto no comportamento. A princípio, considerei a comparação um insulto, sabendo que meu pai lhe guardava rancor, mas ela se revelou uma mulher adorável. Tia Greta acabou sobrevivendo à guerra porque era casada com um cristão, e foi um prazer visitá-la após a libertação.

Vovó perguntou a papai se eu poderia ir com ela visitar uma de suas outras netas, minha prima Sarah, que tinha sido colocada em um internato bem conhecido nos arredores de Amsterdã. Fizemos juntas a viagem de trem, e Sarah e eu nos tornamos grandes amigas. Era muito bom ter mais familiares ao meu redor. A oportunidade de restaurar o relacionamento com a família do meu pai foi muito importante para nós. O amor faz a vida valer a pena, e acredito que a vovó estava tentando consertar as coisas antes que fosse tarde demais.

Tragicamente, os pequenos passos que demos para curar o distanciamento chegaram a um fim abrupto antes mesmo de termos alcançado mais do que uma mera reaproximação. Em 1942, vovó – que ainda vivia de forma independente em Haarlem – foi forçada a se mudar para uma casa de repouso judaica em Amsterdã. Mamãe, Clara e eu íamos visitá-la toda semana, mas mais tarde naquele ano todos os residentes da casa foram enviados para o campo de trânsito de Westerbork. De lá, foram transportados para Auschwitz e assassinados.

A casa de repouso foi simplesmente evacuada. Na época, não sabíamos o que tinha acontecido e não tivemos oportunidade de nos despedir dela. Vovó desapareceu. Não sei ao certo a data em que foi transportada, mas deve ter sido pouco antes de ela morrer. Àquela altura, havia tanta confusão entre a comunidade judaica que era difícil saber onde cada um estava, mesmo parentes próximos. Foi somente depois da guerra que descobri seu destino. Um dos irmãos mais novos de papai dissera que ela havia morrido em Westerbork, no entanto, quando consultei as listas, vi que ela tinha sido assassinada em Auschwitz, em 28 de setembro de 1942.

Meu bisavô tinha uma fábrica onde os trapeiros levavam sua carga para ser transformada em papel. Os negócios iam bem e papai colhia os frutos da relativa prosperidade de seu avô. Era um rapaz inteligente que havia pulado vários anos na escola, e a família nutria grandes expectativas em relação a ele. Papai frequentou uma escola secundária estadual até que, aos 17 anos, foi enviado para uma *yeshiva* (uma escola talmúdica) em Amsterdã. Seus avós eram pessoas devotas e haviam se decidido por uma carreira religiosa para o neto. Ele era dotado de uma boa voz de tenor e queriam que se tornasse um cantor ou rabino.

Mas papai tinha planos bem diferentes – havia muito que ambicionava entrar para o teatro. Na adolescência, dirigiu peças encenadas por amigos e parentes – não apenas em festas para entreter a família, mas também em eventos comunitários. Lembro-me de uma crítica no jornal local, que continha frases como "o excelente trabalho do jovem Barend Velleman". Ele era profundamente apaixonado por arte e demonstrava verdadeiro talento.

Sempre um menino rebelde, renunciou à fé, que tinha um papel tão importante na vida de seus avós. Na *yeshiva*, ele não se cansava de questionar os professores sobre questões religiosas. Perderam as esperanças quanto a ele, uma vez que não era obediente o bastante à doutrina judaica. Era evidente que não era talhado para ser rabino. Por duas vezes, foi mandado para casa e, em ambas as ocasiões, seu avô o espancou, mas o levou de volta para a escola.

Então, papai resolveu tomar as rédeas da situação e usou o dinheiro da mesada para comprar uma passagem de balsa para a Inglaterra. Meu bisavô foi à polícia e pediu que trouxessem o neto, que ainda era menor de idade, de volta para casa. Tendo eles se envolvido de fato ou não, de um jeito ou de outro, papai foi mesmo obrigado a voltar para casa. Depois disso, meus bisavós perceberam que perdiam tempo e dinheiro ao esperar que papai seguisse uma vocação religiosa.

Papai ingressou de imediato no teatro, onde trabalhou com o nome de Ben Velmon, e, a partir daí, passou a ganhar seu sustento na indústria do entretenimento. Atuou como ator, cantor e apresentador de *shows* de variedades.

Durante a Primeira Guerra Mundial, um milhão de belgas fugiram para a Holanda, onde permaneceram em campos. Depois do conflito, retornaram para suas aldeias e cidades, que haviam sido em grande parte destruídas, mas, enquanto estavam nos campos holandeses, papai organizou entretenimento para esses refugiados. Vários jovens cantores e comediantes entre eles, que papai empregou e incentivou, tornaram-se famosos. Para mostrar sua gratidão, os refugiados derreteram um pouco de seu ouro e mandaram fazer um lindo anel de sinete com as iniciais de meu pai gravadas. Lamentavelmente, o anel desapareceu durante a Segunda Guerra Mundial.

Era uma vida emocionante, embora repleta de insegurança, que implicava uma existência nômade para nossa família. Mudávamos de casa com frequência por causa das oscilações de sua renda – às vezes, vivendo em pobreza abjeta; às vezes, em relativa prosperidade –, mas papai fazia o que amava e eu tinha muito orgulho dele.

O nome completo de minha mãe era Femmetje, mas ninguém na família a chamava assim. Sempre foi conhecida como Fem. Ela nasceu em 10 de agosto de 1889, em Alkmaar, e seus pais eram David e Clara Spier. Filha do meio dentre sete, tinha três irmãs e três irmãos. Vovô era dono de uma grande loja de roupas e armarinho em Alkmaar e, mais tarde, também abriu uma em Den Helder.

Os pais de minha mãe se encontravam regularmente com os avós de papai em Alkmaar para um carteado. Papai era um bom jogador e costumava participar, enquanto minha mãe servia o chá. Foi assim que eles se conheceram. Quando papai foi enviado para a *yeshiva* em Amsterdã, mamãe estava determinada a acompanhá-lo e inventou um plano astuto.

Perguntou aos pais se poderia treinar para se tornar uma chapeleira. Amigos de seus pais tinham uma loja em Amsterdã onde faziam magníficos chapéus da moda, e mamãe se tornou a aprendiz deles. Com experiência em moda e armarinho, não é de admirar que tivesse optado pela confecção de chapéus, embora as mulheres da família Spier nunca houvessem tido permissão para seguir uma verdadeira carreira comercial; só confeccionavam chapéus e roupas para a família, além de realizarem as tarefas domésticas do dia a dia. Claro que o verdadeiro motivo de sua partida para Amsterdã era meu pai. Ele a visitava com regularidade na casa onde ela se hospedava e, quando deixou a *yeshiva*, os dois se casaram em Alkmaar, em 21 de março de 1911.

Em 29 de dezembro de 1911, nasceu o primeiro filho: meu irmão mais velho, Louis. Seu nome oficial era Levi Barend – como o pai do meu pai –, embora sempre o chamássemos de Louis. Dois anos depois, em 26 de dezembro de 1913, meu irmão David veio ao mundo. Nesse meio-tempo, meu pai tinha se tornado um sucesso, apresentando-se em muitos dos maiores teatros da Holanda, e ele, mamãe e meus irmãos moravam em uma elegante residência na 445 Prinsengracht. Nessa família e em condições prósperas, em 7 de junho de 1922, uma menina nasceu no hospital Wilhelmina Gasthuis. Era eu: Selma Velleman.

2

Saltando Valas:
Minha Infância

Quando nasci, papai estava em uma turnê pela Europa e decidiu mudar a família para Zandvoort, no norte da Holanda, para ficar perto do mar, onde o ar era mais limpo do que em Amsterdã, principalmente por causa das crianças. O lugar já era um dos balneários mais importantes do país.

Mudamo-nos para lá quando eu tinha duas semanas e ficamos lá até os meus 4 anos. É claro que não me lembro muito dessa época, mas sei que meu irmão David costumava me arrastar pela areia em um carrinho de mão quando eu tinha cerca de 1 ano de idade, pois a família tinha fotos disso. Infelizmente, como tantas outras coisas, essas fotos desapareceram durante a guerra.

Em 1926, mudamo-nos para Alkmaar. A turnê europeia do meu pai havia acabado e ele provavelmente estava desempregado. Pode parecer uma existência incerta para uma jovem família, mas tirei proveito disso quando a guerra acabou com qualquer forma de estabilidade. Nunca fui alguém que se apegasse a um lugar específico ou que tivesse dificuldades para se ajustar a mudanças, e tenho certeza de que isso me ajudou a lidar com os eventos terríveis e imprevisíveis que viriam a se desenrolar.

Nossa magnífica casa em Alkmaar ficava no limiar livre de uma fileira de casas geminadas, cercada por prados e uma vala. Várias outras crianças moravam nessa rua e todos gostávamos de brincar do lado de fora. Um dia, as crianças mais velhas estavam pulando a vala e, embora eu tivesse apenas 4 anos, também queria tentar; sempre fui uma criança destemida. Claro que eu era muito pequena para transpor a distância e caí na água.

As outras crianças fizeram tamanha algazarra que o barbeiro da esquina veio correndo e me pegou com uma vara comprida. Naqueles tempos inocentes e tranquilos, um pequeno incidente como aquele causou grande comoção. As pessoas falaram e riram disso por dias. Também me lembro da alegria que sentia nesses meus tempos de menina, quando meus amigos e eu íamos correndo depois da escola até o mercado de queijos, com seus diferentes vendedores e suas enormes peças redondas de queijo. Com uma ferramenta especial, comprida e pontuda, semelhante a um saca-rolhas, eles retiravam uma amostra e quebravam-na em pequenos pedaços para provarmos seu produto.

Todos os domingos, íamos visitar minha bisavó na casa onde meu pai morou até se casar. Eu era muito jovem, não consigo me lembrar de quase nada sobre ela, mas ainda posso vê-la sentada na extremidade de uma longa mesa com uma grande cafeteira sobre uma pequena vela. Suas roupas eram sempre pretas e ela usava uma touca de renda amarrada sob o queixo.

Meus pais ficavam conversando com ela enquanto a governanta, Roos Meyboom, a quem chamávamos de tia Roos, me levava à cozinha para comer um pedaço de bolo ou alguns doces.

Tia Roos era uma governanta leal e sempre cuidou muito bem de meus bisavós. Gostava em especial do papai, que praticamente fora criado por ela. Quando minha bisavó morreu, em 12 de dezembro de 1926, tia Roos veio morar conosco como minha babá. O quarto dela ficava ao lado do meu, e todas as manhãs eu me esgueirava para a sua cama e ela me contava histórias, enquanto o restante da casa dormia.

Certa manhã, fui ao quarto da tia Roos como de costume e vi que uma cadeira havia sido colocada na frente de sua porta. Parecia estranho, mas apenas a empurrei para fora do caminho e subi na cama com ela, como de costume. Assim que me enfiei sob as cobertas, fui tomada de confusão; a cama que costumava ser tão aconchegante e quente agora estava fria, assim como tia Roos. Não conseguia entender por que ela não falava comigo, por mais que eu implorasse por uma história.

Quando minha mãe veio me buscar e eu disse a ela que tia Roos estava fria, ela explicou que Roos havia morrido durante a noite. Eles haviam colocado a cadeira na frente da porta para tentar me impedir de entrar. Não sei com exatidão em que ano isso aconteceu, mas deve ter sido por volta de 1927, quando eu tinha 5 anos. Foi meu primeiro encontro com a morte.

Mil novecentos e vinte e sete foi também o ano em que deixamos nossa magnífica casa em Alkmaar e nos mudamos para um apartamento em cima de um grande café no centro da cidade. Era sem dúvida uma queda no padrão de vida, então, não devia estar entrando muito dinheiro naquele momento.

Um dia, a irmã mais nova de minha mãe, tia Suze, veio nos visitar. Enquanto caminhávamos pela cidade, passamos por uma loja com uma linda cadeira infantil na vitrine. Era redonda e feita de vime. Foi amor à primeira vista. Eu a queria tanto, mas minha mãe disse que seria impossível. Minha tia respondeu que a compraria para mim e minha mãe protestou. Tia Suze não deu atenção, entrou na loja e a comprou. Fiquei muito feliz. Foi um presente e tanto para uma criança cujos pais já não podiam arcar com luxos. Eu adorava me sentar naquela cadeirinha e a apreciei por bastante tempo.

Embora não tivéssemos contato com a família do papai, víamos os irmãos e irmãs da mamãe com frequência, e eu era muito próxima deles. É claro que tia Suze passou a ser minha favorita depois que me deu a cadeirinha de presente! Tragicamente, ela morreu apenas dois anos depois, de uma peritonite que foi diagnosticada de modo equivocado como cólica menstrual. Ela era casada com Jacques Limburg, um amigo e colega de teatro de meu pai, e deixou um filho, Loutje, de apenas 6 anos.

Após a morte de Suze, tio Jacques foi persuadido a mandar Loutje para Leiden, para morar com o irmão de minha mãe, Joop, e sua esposa, Jet. Eles teriam condições de lhe oferecer uma vida melhor do que seu pai viúvo, era o que sentiam, e estavam muito ansiosos para cuidar dele.

No final, por alguma razão, tio Joop e tia Jet não mantiveram Loutje com eles, e ele foi colocado em um orfanato dirigido pelos dois. Não tenho certeza do motivo: talvez ele não tenha conseguido se adaptar com eles, tendo perdido a mãe e sido tirado do pai, ou talvez pensassem que ele ficaria melhor com outras crianças por perto. Eu não conseguia me imaginar separada dos meus pais.

Em 1928, logo após o Ano-Novo, era hora de nos mudarmos de novo – de volta para Amsterdã. Dessa vez, vivemos na penúria. Não éramos elegíveis para benefícios sociais porque só poderíamos reivindicá-los se tivéssemos vivido em Amsterdã por um ano, e havíamos morado fora de lá. Também não podíamos usufruir da ajuda da sinagoga, porque não éramos religiosos. Nosso primeiro apartamento ficava em Ambonstraat, no leste da cidade, mas não pudemos pagar o aluguel e tivemos que sair. Mamãe estava grávida na época, e um amigo artista nos acolheu. Ele mesmo tinha filhos, o que significava que não havia espaço para meu pai e meus irmãos, que ficaram hospedados por perto, com outro amigo do teatro.

Em 3 de abril de 1928, enquanto estávamos morando com nossos amigos, minha irmãzinha Clara nasceu no hospital. Felizmente, o papai logo conseguiu encontrar um apartamento em um bairro judaico, então, acabamos morando com eles por apenas uma semana. Mamãe me contou que papai havia dito que éramos uma família e deveríamos viver juntos, não importava o que acontecesse, o que mostrava seu desejo de ter uma vida familiar amorosa depois das próprias experiências.

Todas as segundas-feiras, na minha escola primária, as crianças deviam pagar taxas de matrícula, mas não podíamos, porque éramos muito pobres. Toda semana eu entrava e dizia que havia esquecido o dinheiro. Toda semana eu tinha que ficar em pé em um canto como punição. Nunca vou esquecer essa injustiça. Os professores deviam saber o que de fato estava acontecendo, pois toda semana era a mesma coisa. Embora eu admita que devia ser difícil para os outros entenderem quanto éramos pobres, pois eu sempre estava muito bem-vestida. Minha tia de Leiden nos mandava roupas quando sua filha Klaartje, que era cinco ou seis anos mais velha do que eu, crescia e já não cabia nelas. Mamãe fazia um trabalho maravilhoso ajustando-as para mim e até me lembro de uma professora me dizendo:

– Ora, ora, já tem um novo casaco?

Portanto, de longe, é provável que as pessoas pensassem que estávamos relativamente bem. Nossa vizinha, entretanto, sabia como éramos pobres, porque um dia, com muita gentileza, nos deu uma banana, que minha mãe amassou para Clara. Lancei à fruta um olhar comprido e ganhei uma colher de chá cheia. Que delícia!

Viver em tal pobreza prejudicou minha saúde e, no ano seguinte, quando tinha 7 anos, acordei um dia com febre alta. Comecei a gritar e depois desmaiei. Meus pais ligaram para o médico, que diagnosticou pneumonia e pleurisia – inflamação das membranas da cavidade torácica –, responsável pelo acúmulo de fluido dentro e ao redor dos meus pulmões. O doutor Antonie Menco – nunca esquecerei seu nome – decidiu me operar de imediato para remover o pus do meu peito. Ele escalou meu pai como seu assistente. Papai teve de ficar parado ao lado dele borrifando um líquido com uma seringa nas minhas costas enquanto o médico inseria uma agulha para retirar o líquido. O *spray* parecia água gelada, mas agora entendo que devia ser um anestésico local. Mamãe foi instruída a me segurar com firmeza para evitar que eu me movesse.

Enquanto o médico realizava o procedimento, meu irmão mais velho, Louis, voltou para casa cantando e assobiando como de costume.

– Feche a porta e pare com o barulho – gritou o doutor Menco. – Você quer que sua irmã morra?

O pobre Louis não tinha ideia do que estava acontecendo, mas obedeceu. Meu pai sempre disse que o doutor Menco salvou minha vida. Ele mandou uma grande caixa de charutos como agradecimento. Acabei indo para a mesma escola secundária que a filha do doutor Menco, e foi um grande prazer contar a ela a história do tratamento habilidoso de seu pai.

Fiquei doente por muito tempo depois disso. Nosso apartamento era frio e úmido, o que, claro, não ajudou. Depois de me recuperar um pouco, fui enviada para um sanatório em Laren, em 't Gooi, a sudeste de Amsterdã, onde o ar era melhor do que no centro da cidade. Acharam que eu podia estar tuberculosa. Meu primo, David Roet, estava lá pelo mesmo motivo, na ala masculina. Todos os dias, os pacientes eram levados para a varanda, com cama e tudo – mesmo no inverno, quando estava frio e nevando. A varanda ocupava toda a extensão do sanatório, e as camas das crianças eram colocadas à esquerda, enquanto as dos adultos ficavam à direita.

Um dia, meu pai trouxe seis morangos magníficos para mim, embalados em uma caixa acolchoada. Morangos raramente eram importados no inverno, portanto, se conseguisse encontrá-los, custariam uma fortuna. Eu sabia que eram um agrado muito especial e pareciam deliciosos. Obviamente, o papai estava ganhando um bom dinheiro de novo, e essa era a sua maneira de demonstrar seu amor e me animar.

Em sua visita seguinte, ele me perguntou se eu havia gostado deles, e tive de admitir que não tivera permissão para comê-los. Papai ficou furioso e foi até a inspetora pedir uma explicação. Ela lhe disse que os pacientes não tinham permissão para ficar com as próprias frutas ou doces – a política do sanatório era coletar tudo o que fosse trazido e repartir. Claro, seis morangos não poderiam ser divididos de maneira adequada, então, suspeito que um membro da equipe os tenha comido.

Em outra ocasião, papai me levou um grande cacho de lindas bananas, uma das quais escondi antes que as outras me fossem tomadas. Levei-a para o banheiro para saboreá-la. Infelizmente, uma das enfermeiras passou e me segurou. Ela pressionou seus grandes e pesados nós dos dedos em meu ombro, precisamente no local onde eu fora tratada da pleurisia. Mesmo agora, mais de noventa anos depois, o ponto ainda dói quando pego um resfriado ou esbarro ali por acidente.

Embora fosse muito jovem, entendi que tais presentes eram inúteis. Disse para minha família que não me levassem mais frutas, mas eles continuaram fazendo isso. Acho que não tinham coragem de aparecer de mãos vazias.

Um dos meus tios me levou um estojo de tintas realmente lindo, mas não tive permissão para usá-lo. Os funcionários deviam temer que os lençóis e as cobertas ficassem manchados.

Era um regime terrivelmente rígido, e, quando olho para trás e vejo como as crianças eram tratadas naquela época, parece-me horrível. Certa vez, uma garota saiu da cama sem permissão. A partir de então, todas as crianças foram obrigadas a usar um jaleco com longos cordões amarrados embaixo da cama. Mal podíamos nos mover. Meus movimentos ficavam tão restringidos que, se alguém fosse me visitar, eu mal conseguia beijá-lo. Sentia-me completamente humilhada. Pode-se dizer que foi minha primeira experiência de prisão, e talvez isso tenha me fortalecido e ajudado a me preparar para o que o futuro me reservava.

Eu deveria passar um ano naquele lugar terrível, porém, no final das contas, fui autorizada a voltar para casa depois de cerca de oito meses. Enquanto estive lá, papai realmente prosperou e tínhamos condições de pagar uma enfermeira, o que tornava meu retorno para casa seguro. Quando saí do sanatório, papai, em um de seus gestos de generosidade que eram sua marca registrada, ofereceu a todos os pacientes alguns *jodenkoeken* – biscoitos tradicionais judaicos –, vendidos em latas com um rótulo amarelo. Ele fez questão de enviar muitas latas para que cada paciente recebesse um biscoito.

Enquanto eu estava fora, nossa família se mudou para uma linda casa em Diemen, que tinha um banheiro e um jardim, e não era tão úmida quanto o antigo apartamento. Era magnífica. Papai estava indo bem com as finanças porque administrava um dos primeiros Luna Parks na Holanda, inaugurado em Diemen, no verão de 1931. O Luna Park original havia sido inaugurado em 1903, em Coney Island, Brooklyn, Nova York, oferecendo atrações e *shows* ao estilo de um parque de diversões, sendo seguido por filiais na América e na Europa. O parque em Diemen foi um grande sucesso; fotos de jornais mostram filas e filas de pessoas aguardando sua vez para entrar.

Havia um circo permanente no parque e também uma escola de equitação onde aprendi a montar. Eu amava. Um grupo de anões que chamávamos de "família liliputiana" também se apresentava lá; lembro-me de quando o pai deles chegou para se candidatar a um emprego. Havia concertos e peças de teatro, dezenas de barracas de jogos e uma pista de gelo.

O dono da barraca de sorvete italiano dizia que poderíamos passar a qualquer hora para tomar um sorvete de graça. Todos gostávamos de doces, por isso, depois do jantar, papai costumava me mandar lá para buscar uma tigela grande.

Por um tempo, a vida foi maravilhosa, mas nossa prosperidade durou pouco. O *crash* da Bolsa de Valores nos Estados Unidos, em 1929, lançou países no mundo inteiro em uma crise profunda, entre eles, a Holanda. Os negócios foram por água abaixo. As pessoas não gastavam mais dinheiro em frivolidades, como pistas de gelo e parques de diversão, quando podiam patinar de graça em canais e rios, e não tinham mais dinheiro para atividades de lazer, como passeios a cavalo.

O Luna Park foi forçado a fechar as portas. Meu pai tentou conseguir trabalho no meio artístico e no palco de novo, mas essa era uma área que também tinha quase secado. Ele começou a beber muito e costumava voltar para casa embriagado. Ainda é um mistério para mim como ele sempre voltava em segurança de Amsterdã para Diemen. "Deus deve ter anjos da guarda especiais cuidando dele", minha mãe sempre dizia.

Ele tinha esperanças de que houvesse mais oportunidades de emprego na cidade, por isso, retornamos a Amsterdã, para uma *maisonette* que ocupava o terceiro e o quarto andares de uma propriedade na Tweede Jan van der Heijdenstraat. No dia em que nos mudamos, a garota que morava em frente ao número 44 olhou pela janela do terceiro andar e me viu na rua, tentando brincar sozinha. Ela desceu e disse:

– Você gostaria de brincar com a minha bola?

E foi isso. Greet Brinkhuis e eu nos tornamos melhores amigas. Eu era magra, tinha cabelos escuros e vinha de uma grande família judia. Ela era uma holandesa grande e loura, filha única de pais católicos rigorosos. Seu pai era encadernador de livros e ajudava na igreja da esquina. A família ia à igreja todas as manhãs e orava antes e depois de cada refeição. Greet adorava vir à nossa casa para participar da vida familiar. Ela foi uma das amigas mais leais que se poderia desejar e permanecemos próximas durante toda a vida.

Todos os quartos da nossa nova casa tinham pia, o que era incomum na época, e havia até um banheiro também. Havia ainda argolas de ginástica e um balanço preso ao teto do andar superior para as crianças, então, meus amigos adoravam ir lá para brincar. A casa tinha um telhado plano, e Louis e eu escalávamos a janela do quarto de hóspedes para tomar sol. Lembro-me de que vimos um zepelim sobrevoando o local um dia, e o observamos de nosso lugar no telhado, quase sem fôlego.

A vida era boa. Amávamos o apartamento. Lembro-me da espaçosa sala de estar com três janelas e em particular de uma grande mesa dobrável. Eu havia ganhado um *kit* de pingue-pongue e usávamos a mesa para jogar. Era incomum ter espaço para esse tipo de jogo, e nossos primos e amigos sempre ficavam ansiosos para nos visitar. Louis tentava me excluir – imagino que achasse irritante ter uma irmã mais nova que não jogava tão bem quanto ele –, mas o papai me defendia:

– O jogo é dela – ele dizia. – Deixe-a participar! – Não admira que eu o adorasse tanto; ele sempre foi um pai maravilhoso para mim.

Moramos na Tweede Jan van der Heijdenstraat por vários anos, mas as escadas eram tão íngremes que meus pais se cansaram do lugar. Em 1936, mudamos para um apartamento em Jan Lievenstraat, também no bairro de De Pijp. Um dos primos do meu pai era dono de uma enorme loja de móveis, Dick & Co., e papai comprou todos os nossos móveis novos dele quando nos mudamos; acredito, portanto, que estivéssemos razoavelmente bem naquela época. Antes disso, tínhamos apenas móveis antigos, por isso foi uma mudança emocionante. Papai também fez uma rápida visita a um dos irmãos, que administrava dois antiquários em Haarlem, e voltou com uma escrivaninha para mim e uma bela pintura a óleo para a casa.

– Eles me devem isso, depois de tudo o que fizeram comigo – disse papai, querendo se referir ao fato de que sua família não lhe dera nada da herança deixada por meu avô quando morreu, em 1923. O irmão dele já trabalhava na loja do pai na época e assumiu-a após sua morte. Mas talvez papai também se referisse ao seu exílio da família quando pequeno. Não sei se ele pegou os itens de graça ou com desconto; naquela época, os pais não discutiam essas coisas com os filhos.

Nossa nova decoração marcou um recomeço otimista, e permanecemos em Jan Lievenstraat até sermos obrigados a deixar tudo para trás, em 1942.

Apesar do destino oscilante de nossa família e dos períodos de pobreza que vivemos, fui uma criança muito feliz. Papai era um pai dedicado, determinado a cuidar dos filhos e protegê-los, e o amor de nossos pais era tudo o que importava. Não apenas fui amada, mas também encorajada a desenvolver meus talentos.

Ao contrário da maioria dos homens de sua geração, papai era muito liberal. Tive a sorte de ser sua filha e me beneficiei bastante de suas ideias progressistas. Lembro-me de estar sentada à mesa quando um de meus irmãos me disse para ir buscar um copo d'água para ele.

– Não, ela não vai – disse papai. – Ela não é sua empregada. Pegue você mesmo.

Também não havia a menor expectativa de que eu devesse fazer as tarefas domésticas só por ser menina. Não tinha permissão para lavar a louça nem fazer outros serviços de casa. Papai sempre dizia: "Selma tem que estudar". Ele queria que eu fosse para a área da ciência, mas a guerra acabou pondo um fim à minha educação.

Além de progressista, papai também era muito organizado. Quando não estava trabalhando, fazia todas as compras e marcava a data em tudo o que comprava – coisa que faço até hoje. Éramos bem parecidos e reconheço sua influência sobre mim, algo que considero bastante reconfortante. Tem sido minha maneira de mantê-lo comigo por toda a vida.

Isso não significa que não me sentisse envergonhada quando tinha amigos por perto. Em geral, papai não estava tão bêbado, mas muitas vezes estava longe de estar sóbrio. Eu ia regularmente à casa da minha amiga Mary Rudolphus, já que ela morava perto da escola. A mãe dela me convidava para almoçar durante a semana escolar, quando todas as crianças iam para casa fazer sua refeição, porque do contrário eu teria de caminhar meia hora até em casa e depois voltar novamente. Também ajudava Mary com o dever de casa, porque eu era muito boa em matemática, e Mary não. Estava ansiosa para convidar Mary para ir à nossa casa, mas, na ocasião em que o fiz, meu pai voltou para casa bêbado. Fiquei profundamente envergonhada e desejei que o chão se abrisse e me engolisse.

Minha mãe também lutou bastante contra o alcoolismo de papai. Alguns anos antes de estourar a guerra, ela decidiu dar um basta e foi embora. Foi para a casa de uma amiga que morava perto, Jo Nijland. Jo e seu marido eram o que o meu pai chamava de "pulgas de artistas" – eles próprios não eram artistas, mas sempre andavam com eles. Como ele desaprovava isso, acho que ficou furioso por mamãe ficar com eles, dentre todas as pessoas. Ela voltou no dia seguinte e nunca mais foi embora, mas isso mostrou como estava farta. Ela quase nunca tomava decisões sozinha, então, era excepcional para ela fazer tal coisa. Devia ter chegado às raias do desespero.

Eu perdoava muito o papai porque o amava demais. Ele também amava muito minha mãe. Quando voltava para casa bêbado, às vezes gritava:

– Mas eu nunca saio com outras mulheres. Você é a única que amo, Fem!

Minha mãe era uma mulher afável e de modos gentis; suas irmãs a chamavam de "querida Fem" e ela era a mulher mais doce do mundo. Era muito atraente, pequena, com cabelos e olhos escuros e uma tez pálida. Tinha uma bela figura quando jovem. Quando chegávamos da escola, estava sempre lá, com leite e biscoitos à nossa espera. Fazia nossas roupas ou ajustava itens que nos eram dados por outras pessoas, e, sempre que havia dinheiro, levava-nos para comprar roupas novas. Eu gostava muito desses passeios.

Minha irmã mais nova, Clara, nasceu alguns meses antes do meu sexto aniversário. Ela era um bebê lindo e uma criança doce, com um temperamento tão brando quanto o de nossa mãe, com quem ela se parecia. Meu irmão David também compartilhava das características de mamãe, enquanto Louis e eu havíamos puxado o nosso pai, também na personalidade.

Uma vez que éramos as mais novas, além de muito unidas, Clara e eu sempre dividíamos um quarto. Uma de nossas brincadeiras favoritas era brincar de escola. Fiz pequenos bancos de papelão e pequenas meninas também de papelão para sentar neles. Eu era a professora, e Clara, uma das minhas alunas. Como era seis anos mais velha, acho que ela me via como uma adulta.

Quando ela já tinha idade suficiente, passamos a ir para a escola a pé juntas, e eu a deixava de manhã e a pegava de novo à tarde. Quanto mais velha ela se tornava, mais claro ficava que não era muito chegada aos estudos; estava mais interessada em assuntos domésticos. Em 1941, quando os judeus foram proibidos de frequentar escolas não judias, ela teve de desistir de sua educação estatal e foi enviada para uma escola judia de economia doméstica. Combinou com ela, pois aprendeu costura e outras habilidades do lar. Ela também adorava nadar e ganhou seu primeiro certificado de natação quando tinha apenas 3 anos.

Eu me dava bem com meus irmãos também. É claro que eles zombavam de mim, como fazem os irmãos mais velhos, mas David costumava cuidar de mim quando era bem pequena e, quando mais velha, Louis costumava me levar ao cinema. Meninas bem-educadas só podiam assistir coisas como as animações do Mickey Mouse, e eu estava absolutamente proibida de ver filmes destinados a adultos, embora um dia Louis tenha me levado para ver *King Kong*. Papai ficou furioso; depois disso, não tive mais permissão para ir ao cinema.

Portanto, essa era a minha família: meu pai imperfeito, mas amoroso, minha querida mãe, meus dois irmãos e minha linda e inocente irmãzinha. As pessoas com quem passei minha infância muito feliz. E três deles foram levados e mortos como animais.

3

Cidadãos de Segunda Classe: *A Ocupação*

Em 1936, a Holanda começou a receber imigrantes da Alemanha. Eles contavam histórias preocupantes sobre o nacional-socialismo e o que acontecia às pessoas que renegavam os nazistas. A princípio, não demos muita atenção. David até viajou para a Áustria em 1938, pouco depois de ela ter sido ocupada e anexada pela Alemanha nazista; um ato bastante irreverente para um jovem judeu, pode-se dizer, em retrospecto.

Todos pensavam que a Holanda permaneceria neutra se a guerra estourasse – como acontecera na Primeira Guerra Mundial. Como resultado, os homens holandeses estavam sendo pagos para se casar com garotas judias estrangeiras, partindo do pressuposto de que essas garotas receberiam cidadania holandesa e, portanto, estariam em segurança. David tinha 24 anos na época e, em sua impulsividade juvenil, tal empreendimento lhe pareceu algo empolgante de se fazer.

Ele viajou para a Áustria com um amigo judeu que também iria se casar com uma garota judia – os dois encararam isso como uma grande aventura. Ele e o amigo receberam duzentos florins cada um, o que representava muito dinheiro na época. O futuro sogro de David era o rico proprietário de uma grande fábrica. Como David tinha menos de 30 anos de idade, ele precisava do consentimento de papai para que o casamento fosse adiante. Papai desaprovava a empreitada inteira, mas, como David não morava mais em casa, é provável que tenha pensado que ele tinha idade suficiente para fazer as próprias escolhas e concedeu sua aprovação.

Nenhum de nós jamais chegou a conhecer a primeira noiva de David. Afinal, tratava-se apenas de um acordo comercial; a garota nunca voltou com ele para morar na Holanda. Quando David retornou, papai se recusou a falar sobre o que havia acontecido e logo o incidente se tornou insignificante. Isso, no entanto, nos deu uma noção de até que ponto os judeus de outros países se sentiam ameaçados pelos nazistas.

Eu era uma típica garota holandesa naquela época. Frequentei o ensino médio, aprendendo inglês, francês e alemão. Queria muito fazer progresso nessas línguas, mas não posso afirmar que soubesse o bastante a respeito do restante da Europa. As pessoas quase não viajavam naquela época, e meus pais não tinham muito dinheiro para gastar, então, se saíamos de férias, era para algum lugar na própria Holanda.

Nunca tinha viajado para o exterior, mas, no verão de 1939, tive a chance de fazer uma excursão escolar à Inglaterra. Para uma garota de 17 anos, era uma empolgante oportunidade! Foi também motivo para uma nova aquisição para o meu guarda-roupa: um cardigã azul, tricotado pela minha mãe, com zíper –

algo muito moderno na época! Ficaria imensamente grata mais tarde por tê-lo em Ravensbrück, pois fazia muito frio e só tínhamos vestidos finos. Quando o trajava naquele lugar, mantinha em meus pensamentos mamãe tricotando-o e a lembrança dela querendo que eu ficasse bonita em minha primeira viagem ao exterior.

Quando minhas colegas de classe e eu partimos para a Inglaterra, prevalecia a sensação de que a guerra poderia estar a caminho. Uma das garotas havia recebido do pai uma grande soma em dinheiro – para o caso de uma guerra estourar e ela não poder retornar para a Holanda. Lembro-me dela me perguntando o que deveria fazer com a quantia. Aconselhei-a a deixá-la com a família anfitriã, em vez de carregá-la por Londres. A ideia de que a guerra era iminente e que poderíamos não conseguir voltar para casa não era algo que nos preocupasse em particular; na verdade, já estava ansiosa para outra excursão escolar, à França, no ano seguinte!

Olhando para trás, os holandeses podem ter parecido ingênuos, mas, mesmo quando a Grã-Bretanha declarou guerra à Alemanha, no fim daquele verão, mal prestamos atenção. Sim, questionamo-nos sobre os efeitos da ocupação na Polônia, Alemanha e Iugoslávia, mas em sentido genérico – da mesma forma que você se interessa por política internacional. Jamais poderíamos imaginar que a declaração de guerra nos afetaria.

Menos de um ano depois, entretanto, a vida que dávamos por certa chegaria a um fim abrupto. Os alemães entrariam na Holanda e começariam a cometer atos tão horríveis que agora me esforço para acreditar que de fato aconteceram, apesar de eu mesma tê-los vivenciado.

Os jovens holandeses eram recrutados pelo exército quando completavam 18 anos e, a partir dos 20, tinham de treinar por um determinado número de semanas. Após o serviço militar, David foi trabalhar para o tio Arie em sua loja de roupas, continuando a participar do treinamento obrigatório. Em 1939, quando a Inglaterra declarou guerra à Alemanha, ele foi convocado aos 25 anos. Acabou no serviço de saúde do que mais tarde ficou conhecido como Brigada Princesa Irene, uma unidade médica holandesa que foi posteriormente aquartelada no Reino Unido após o colapso do governo holandês em 1940.

Louis não tivera treinamento militar algum. Ele sempre desejou ir para o mar e frequentou uma escola naval, mas foi recusado pela Marinha Real da Holanda. Disseram-lhe que seu peito era estreito demais e que não era alto o bastante, então, ele entrou para o teatro, assim como papai. Tornou-se ator e cantor e participou de uma série de filmes, como *Bleeke Bet* (1934) e *De Jantjes* (1936), produzidos na "Hollywood" holandesa – o Cinetone Studio em Amsterdã.

Ao contrário de papai, no entanto, Louis nunca teve o sonho de atuar, e ainda ansiava ir para o mar. Alguns meses antes do início da guerra, ele encontrou um amigo da escola naval que trabalhava na marinha mercante e soube que havia uma vaga na Hollandsche Stoomboot Maatschappij – a Holland Steamship Company. Empolgado com a oportunidade, Louis se candidatou e obteve êxito. A empresa o contratou e ele acompanhou o programa de treinamento por vários meses antes de começar a trabalhar como engenheiro em um navio. Assim, viu-se nas Forças Armadas também, mas não esperava se envolver na guerra.

Em 10 de maio de 1940, por volta das quatro horas da manhã, Louis nos acordou a todos. Eu estava imersa no sono e fiquei muito mal-humorada por ser incomodada.

– Acorde! Acorde! – Louis gritava enquanto agarrava meu ombro.

– Vá embora! Deixe-me dormir! – resmunguei, enquanto me virava e pensava como irmãos podiam ser irritantes, mas ele continuou a me chacoalhar.

Quando ouvi o restante da família se levantando, percebi que algo sério devia estar acontecendo. Relutante, saí da minha cama quente.

– Guerra! – disse Louis. – Nós estamos em guerra.

Nós o encaramos em choque, balançando a cabeça. Não podíamos acreditar no que ouvíamos. Mas, quando ligamos o rádio e escutamos que o exército alemão tinha cruzado a fronteira e que havia um intenso confronto em andamento, sabíamos que devia ser verdade. A Alemanha tinha invadido a Holanda, a Bélgica e Luxemburgo sem antes declarar guerra. O plano de nos pegar de surpresa fora bem-sucedido.

Toda a vizinhança agora estava desperta, e a notícia se espalhava com rapidez. Percebi que algo fora do comum estava acontecendo quando o tio Levi, que era casado com a irmã da minha mãe, Jaan, veio nos ver. Meu pai não falava com ele havia vários anos porque não tínhamos sido convidados para o casamento de sua filha Zetty. O fato de naquele momento terem feito as pazes e estarem conversando como se nunca tivessem trocado palavrões entre si era uma indicação clara de que havia algo importante a caminho.

Louis tinha de estar de volta a bordo de seu navio às seis horas da manhã. Como havia muita confusão sobre a situação, meu pai decidiu acompanhá-lo, por preocupação com sua segurança. No fim, tio Levi, Clara e eu também fomos. Os transportes públicos não estavam funcionando e levamos cerca de uma hora para caminhar até o IJ – o porto de Amsterdã. Embora houvesse todo tipo de atividade em nosso bairro, as ruas de outros bairros estavam tão silenciosas quanto seria o normal para aquele horário da manhã, tão cedo; a maioria das pessoas ainda dormia e não sabia o que estava ocorrendo.

Quatro dias depois, a Holanda se rendeu, mas em casa estávamos muito mais preocupados com a segurança de Louis e David do que com a nossa própria. Continuamos a conversar sobre o que poderia acontecer com eles – a situação dos dois parecia bem mais vulnerável do que a nossa. Ficamos nos perguntando se os alemães os teriam capturado. A atmosfera na casa era terrível e mal dormíamos. Certo dia, mamãe até desmaiou na cozinha, pela primeira vez na vida.

No fim daquele mês, eu deveria realizar meu exame final da escola. Não será uma surpresa ler que eu estava tão preocupada com meus irmãos que não conseguia me concentrar nos estudos. No início da prova, estava terrivelmente nervosa e mal podia permanecer sentada na sala de exame. Eu me saí mal. Mesmo na minha matéria preferida, matemática, em que costumava tirar notas altas, obtive apenas seis – sendo dez a nota máxima.

Papai disse que seria uma boa ideia fazer o exame estadual e pelo menos obter o certificado. Felizmente, consegui passar com notas muito boas. Algumas pessoas me incentivaram a seguir os passos de meu pai, mas nada me convenceria a subir num palco.

– Quero um emprego com horário normal e salário regular – disse à mamãe.

O que eu mais desejava era trabalhar na sofisticada loja de departamentos De Bijenkorf.

Os efeitos da ocupação alemã não foram perceptíveis para nós de imediato. Por um tempo, a vida continuou mais ou menos como antes – até mesmo para os judeus. Amsterdã sempre fora uma cidade razoavelmente tolerante, e minha identidade judaica nunca tinha sido um problema. Meus amigos não eram judeus e meus irmãos tinham namoradas que não eram judias. Não tive a sensação de que houvesse qualquer razão para dar atenção extra a essa parte de minha vida. Aqueles ao meu redor mal mencionavam diferenças religiosas.

Quando celebrava o Natal com minha amiga Mary Rudolphus, não importava que eu fosse judia, embora seu pai fosse um cristão devoto e bastante rigoroso no que se referia à festividade. Tínhamos permissão para ler apenas livros religiosos e cantar somente canções religiosas durante o período, e não éramos autorizadas a participar de jogos. Ainda assim, era bem recebida em sua casa e gostava de ir para lá, apesar das restrições. Tudo o que importava era que éramos duas garotas que gostavam de passar o tempo juntas.

Minha própria família não era religiosa. Havia outras meninas judias que não iam à escola aos sábados por causa do Sabá, mas para mim era um dia normal de escola. Como resultado, muitas pessoas nem perceberam que eu era judia, entre elas, meus professores. Uma vez, a professora pediu um voluntário para levar o dever de casa para uma garota judia que não estava na aula porque era feriado judaico, e eu me ofereci. A mãe da menina me deu um chocolate como agradecimento e disse:

– Este é um chocolate judaico especial, a propósito. É *kosher*. Talvez você saiba o que isso significa.

Ela não fazia ideia de que eu também era judia. Naquele momento, parecia algo insignificante, mas o fato de eu não parecer judia salvaria minha vida mais tarde.

Embora não fôssemos judeus praticantes, nossa família, de fato, identificava-se como judaica. Os meus três irmãos aprenderam hebraico e os rapazes também comemoraram seus *bar mitzvahs*. Clara tinha uma Torá com dedicatória de seus professores, que também a convidavam para celebrar as festas judaicas com eles, já que não o fazíamos em casa.

Comecei a perceber que nosso judaísmo agora importava de uma forma que não acontecia antes, embora eu não fosse à sinagoga desde os 6 anos de idade e não tivesse aprendido hebraico. Em uma das várias viagens que fez em seu trabalho no ramo do entretenimento, Louis me comprou uma estrela de Davi de prata em uma correntinha. Eu nunca a havia usado, mas, depois da ocupação, passei a utilizá-la pendurada sob as roupas. Era um reconhecimento da filiação judaica, um sinal de solidariedade para com nossos companheiros judeus. "*Você* é judia?", minha professora de educação física me perguntou, surpresa, na hora de trocarmos de roupa certo dia. Ela não fazia ideia.

Aos poucos, ouvimos cada vez mais rumores sobre o que vinha ocorrendo com os judeus na Alemanha e em outros países ocupados na Europa. Ficamos apavorados, pois não sabíamos como estavam meus irmãos. Mais tarde, soube-se que o navio de Louis permanecera em IJmuiden por cinco dias, uma vez que a ocupação estava em andamento. Depois disso, ele viajou pelo mundo afora, transportando suprimentos de guerra. Teve sorte de não ser torpedeado. Depois de um tempo, soubemos que pelo menos ele ainda estava vivo, pois sua empresa, a Hollandsche Stoomboot Maatschappij, começou a nos fazer pagamentos semanais que haviam sido deduzidos de seu salário. Um funcionário da HSM vinha todas as semanas para nos trazer o dinheiro – e em todas as vezes isso significava boas notícias para nós.

Soubemos que David e sua brigada estavam aquartelados em Middelburg, no sudoeste da Holanda, quando a guerra começou. Eles travaram uma batalha lá e conseguiram conter os alemães por quatro dias. Assim que os holandeses se renderam, ordenaram à brigada de David que recuasse para a Bélgica, mas logo em seguida a Bélgica também se rendeu. Depois disso, foram enviados para a França e, por fim, para a Inglaterra.

No início, a brigada estava aquartelada em um grande centro militar holandês perto de Wolverhampton, mas então

David recebeu ordens de se mudar para Londres a fim de se tornar administrador da divisão médica. Um grande amigo seu, que era oficial, foi com ele e tornou-se chefe de todo o departamento. Como David uma vez adormecera enquanto estava de guarda durante o treinamento, ele não havia sido promovido e ainda era sargento. No entanto, foi nomeado chefe do secretariado. Embora não soubéssemos disso na época, ele estava em bastante segurança lá.

O primeiro sinal de vida que recebemos de David não veio até 1942, quando papai recebeu uma carta dele por meio da Cruz Vermelha. David havia conhecido uma jovem em Wolverhampton chamada Sadie, com quem ele queria se casar de verdade. Estava, portanto, solicitando determinados documentos a papai para que pudesse se divorciar da garota austríaca com quem se casara antes da guerra. Tínhamos tantas preocupações que essa era a última coisa com a qual queríamos lidar. Não achei que ele devesse importunar papai com questões de casamento e divórcio e, fosse como fosse, não tínhamos como conseguir os papéis, pois nem sabíamos onde estava a primeira esposa de David. Mais tarde, descobri que ela fora enviada a Theresienstadt e sobrevivera ao campo de concentração. David nunca mais a viu, embora tenha, de fato, conseguido se divorciar dela depois da guerra. Embora não estivéssemos nem um pouco contentes com seu pedido, pelo menos sabíamos que ele estava a salvo.

Além da preocupação com meus irmãos, também estava apreensiva em encontrar um emprego para mim durante aquele primeiro ano de guerra. Depois que realizei meus exames e terminei os estudos, minha formação judaica começou a restringir minhas opções. Os judeus não tinham mais permissão para frequentar universidades, de modo que tal opção foi descartada, mesmo que minha família tivesse condições de pagar.

Apesar de ter passado nos exames estaduais, também não podia mais me candidatar a empregos públicos. Quanto mais dificuldades eu encontrava, mais consciente ficava dessa parte da minha identidade. No fim de 1940, todos os judeus que trabalhavam para o Estado foram despedidos. Docentes universitários, professores, médicos e advogados judeus foram autorizados a trabalhar somente para instituições e clínicas judaicas a partir de então. Além disso, judeus e não judeus foram proibidos de entrar nas casas uns dos outros.

– A única pessoa que ainda vem aqui é Greet – disse o papai.

Ele tinha razão.

Nesse meio-tempo, fiz cursos de taquigrafia e datilografia e, como passei nos exames estaduais com notas muito boas, esperava poder trabalhar como secretária. Ainda me agradava a ideia de trabalhar na De Bijenkorf, mas os proprietários eram judeus e, quando comecei a procurar por um emprego, eles já haviam sido mandados para longe, junto com a equipe judia.

O único emprego que consegui encontrar foi em uma empresa a apenas quinze minutos da nossa casa, mas depois do meu primeiro dia papai descobriu que minha função consistia em colocar filtros nos cigarros e foi taxativo: sua filha não ia fazer trabalhos que não exigissem qualificação! Sendo assim, nunca mais retornei.

No entanto, ele conseguiu encontrar outro emprego para mim – trabalhar para um refugiado alemão chamado Mittwoch, que tinha a própria casa de moda. Então, comecei no meu primeiro trabalho. Na maior parte do tempo, ajudava no escritório e auxiliava o contador, mas também era obrigada a servir de modelo para as roupas quando as levávamos às lojas. Felizmente, eu tinha uma boa aparência. Só íamos a negócios de administração judaica, mas, como muitas casas de alta-costura e lojas de roupas eram de propriedade de judeus, havia bastante demanda pelas roupas de Mittwoch.

Poderia ter sido um trabalho divertido porque, como muitas outras jovens, eu me interessava por moda, mas Mittwoch era um homem difícil. Era rigoroso quanto à pontualidade e não dava a mínima para a minha situação – como os judeus não tinham mais permissão para usar o transporte público, levava quase uma hora para andar da nossa casa em De Pijp até suas instalações ao lado do canal em Keizersgracht. Se chegasse alguns minutos atrasada, ele ficava furioso, embora esperasse que eu trabalhasse até depois das sete todas as noites, sendo que meu horário de serviço era das oito e meia às cinco e meia.

Todas as noites, por volta das seis, gostava de comer uma maçã e também me oferecia uma, mas, com exceção disso, não demonstrava interesse algum pelo meu bem-estar. Logo fiquei farta e decidi procurar outro emprego.

Mittwoch recebia uma cópia semanal do *Het Joodsche Weekblad*, o jornal judaico, que ainda era impresso na época.

Todos os regulamentos alemães relativos aos judeus eram publicados nele, e as famílias judias o compravam para se manterem atualizadas. Um dia, eu o folheava quando deparei com um anúncio de emprego de secretária em uma empresa de papel não muito distante de onde morávamos.

Naquela noite, Mittwoch tentou me subornar de novo com uma maçã quando já eram sete da noite, então, joguei a fruta em sua cabeça e disse que estava indo embora. No dia seguinte, fui à empresa de papel e consegui o emprego. Posso ser muito ousada quando preciso, e graças a Deus tive coragem de sair. Mais tarde, descobri que a mudança de emprego salvara minha vida.

A empresa de papel pertencia a uma família judia de sobrenome De Jong. O homem era holandês, sua esposa uma refugiada alemã e ele tinha uma filha de 10 anos de um casamento anterior. Gostei muito da filha e logo nos tornamos grandes amigas. A empresa entregava todo tipo de papel para escritórios e gráficas, e os donos administravam o negócio de casa, usando o quarto de hóspedes como escritório. Oficialmente, eu era a secretária, mas eles me pediam que ajudasse na casa também. As famílias judias não eram mais autorizadas a contratar funcionários, e a senhora De Jong ficava ocupada com o negócio. Concordei com os termos e trabalhamos felizes lado a lado.

Não tinha como eu saber naquele momento que, assim como tantos judeus holandeses, os De Jong não sobreviveriam à guerra. Após a libertação, conheci o primo da senhora De Jong, que me contou que eles haviam sido assassinados. Estávamos completamente despreparados para o que estava por vir.

Apesar das restrições e dos rumores sobre o que poderia acontecer, ainda não havíamos nos dado conta de que os nazistas queriam exterminar todos os judeus. Entretanto, com o passar do tempo, eles adotaram cada vez mais medidas para nos isolar do restante da sociedade.

A greve de fevereiro ocorreu em 1941. Tinha como alvo todas essas medidas antissemitas e foi organizada sobretudo por comunistas e social-democratas. Jornais clandestinos, como o *De Waarheid* e o *De Vonk* – que mais tarde ajudei a distribuir –, exortaram o povo a se levantar contra a perseguição aos judeus. Funcionários dos bondes, ferroviários e portuários responderam primeiro, seguidos por outros trabalhadores. No entanto, os alemães logo cortaram o protesto pela raiz e detiveram inúmeros participantes. Indivíduos foram mortos a tiros e muitos homens e mulheres foram presos. Tempos depois, quando estava em Ravensbrück, descobri que algumas de minhas amigas haviam se envolvido. Gostávamos de ouvir sobre as coisas que as pessoas tinham feito para enfrentar os alemães, e achei que a participação na greve era algo bom.

Embora a greve tenha sido reprimida, foi uma poderosa expressão de resistência contra as atividades nazistas. Muitos atos de resistência como esse resultaram em violentas represálias. Depois que um alemão em particular foi baleado, duzentos judeus foram presos em retaliação, em ataques ao amanhecer, e enviados para o campo de concentração de Mauthausen, na Áustria – um dos primeiros, maiores e mais severos campos de trabalho, destinado aos piores inimigos políticos dos ocupantes alemães. Esses homens foram postos para trabalhar, digamos assim, mas duas semanas depois suas famílias receberam a notícia de que haviam sucumbido devido às condições climáticas. Depois da guerra, descobrimos que eles eram deixados nus na neve para morrer de exposição ao frio, ou fuzilados, caso tentassem fugir.

Houve muito mais atrocidades. O dono de uma sorveteria em nosso bairro, por exemplo, se recusou a servir um soldado alemão. Em resposta, o soldado retornou com um oficial, que obrigou o proprietário a ir para o lado de fora do estabelecimento, colocou-o contra a parede e o executou a tiros.

Em 13 de fevereiro de 1941, as autoridades alemãs instituíram o Conselho Judaico, destacando membros para fazer contato com a comunidade judaica e transmitir suas medidas antissemitas. Os presidentes do Conselho Judaico, Abraham Asscher e David Cohen, pensaram que, cooperando, poderiam evitar que a situação piorasse, mas isso de nada serviu – os judeus só tiveram mais restrições impostas sobre eles.

Em setembro de 1943, Asscher e Cohen foram presos e deportados, embora – ao contrário de quase todos os outros judeus – não tenham sido enviados para campos de extermínio: Asscher foi mandado para Bergen-Belsen, e Cohen, para Theresienstadt, onde os prisioneiros tinham grande chance de sobreviver.

Depois da guerra, a dupla foi criticada com severidade e acusada de ter ajudado os nazistas. O governo holandês conduziu uma investigação sobre essa suposta colaboração e, em 1947, eles foram proibidos de voltar a exercer cargos na comunidade judaica holandesa. Ambos foram isentos de culpa em 1950 em reação a protestos. Aceitou-se que eles, como tantos outros, acreditavam com sinceridade que os judeus estavam sendo enviados para campos de trabalho na Europa Oriental, em vez dos campos de tortura e assassinato brutais onde de fato acabaram indo parar.

Em janeiro de 1941, todos os judeus – isto é, qualquer pessoa com quatro avós judeus – foram obrigados a se registrar junto às autoridades holandesas. No mês seguinte, os alemães instalaram arame farpado ao redor do bairro judaico, de modo que pudessem controlar o abastecimento de alimentos. Durante os meses de abril, maio e junho daquele ano, fomos proibidos de utilizar transportes públicos e frequentar estabelecimentos como teatros, cinemas, hotéis, restaurantes e piscinas. Foram-nos negadas todas as fontes de diversão e havia pouco que podíamos fazer fora de nossas residências. A única coisa que me era permitida era ir a uma aula semanal de dança judaica.

Então, baixou-se um novo decreto: devíamos entregar nossos rádios em catorze dias. Foi um golpe terrível. Isolados do mundo exterior como já estávamos, perderíamos nosso ponto de contato remanescente, que era inestimável para nós. O filho de nossos vizinhos de cima desceu uma antena para que pudéssemos ouvir a transmissão pública e a Radio Oranje via BBC em Londres em um radiozinho, mas paramos quando sentimos que estava ficando muito perigoso fazer isso.

Entre 8 e 11 de agosto de 1941, tivemos de registrar nosso patrimônio no banco Lipmann-Rosenthal. Tal banco, conhecido como Liro, era uma renomada instituição de propriedade judaica. Os alemães, no entanto, o haviam tomado para confiscar posses judaicas. Tudo deveria ser entregue ali: certificados de ações, apólices de seguro, títulos de propriedade. Os nazistas foram astutos, pois o Liro, que obviamente não era mais um banco de verdade, continuou a usar o papel timbrado da Lipmann-Rosenthal para todos os recibos e comunicados; a maioria das pessoas pensava que o antigo banco continuava em operação e estavam confiantes de que, no fim, recuperariam seu dinheiro.

No ano seguinte, em maio de 1942, além de todos os nossos valiosos documentos, também tivemos de entregar nossas posses físicas, e um dos escritórios do banco tornou-se um depósito para nossos pertences. Tivemos de abrir mão de obras de arte, joias e móveis, bem como de itens de uso diário, como utensílios domésticos e bicicletas – qualquer coisa com que os nazistas pudessem lucrar. Nenhum objeto era demasiado pequeno – até colheres de chá foram apreendidas. Esse roubo foi tão bem organizado que uma filial do banco Liro foi instalada no campo de trânsito em Westerbork. Os judeus que chegavam lá tinham de entregar seus bens para serem colocados no "depósito" antes de serem enviados para campos de extermínio na Polônia.

A segregação dos judeus progrediu de forma sistemática. Em setembro de 1941, Clara teve de deixar sua escola e passar a frequentar uma judaica. Em 23 de janeiro de 1942, os judeus receberam um grande "J" na carteira de identidade para distingui-los do restante da população. Em 3 de maio, todos os judeus com 6 anos ou mais foram obrigados a usar uma estrela de Davi amarela com a palavra "Judeu" estampada nela. A estrela deveria ser costurada na altura do peito, para facilitar a identificação.

Foi um momento horrível – percebemos quanto éramos estigmatizados. Parecia que estávamos sendo marcados e que estava sendo forçada a atestar que era "diferente" de meus concidadãos holandeses; como se tivéssemos uma doença terrível e todos os demais estivessem em segurança apenas se pudessem ver nossa marca e manter distância.

Toda a nossa família usava a estrela; afinal, determinou-se que, se não o fizéssemos, seríamos presos e fuzilados. Eu odiava aquela coisa e segurava minha bolsa sobre ela para que não ficasse facilmente visível. Cada ato de resistência, por menor que fosse, era importante para mim.

Em junho, um toque de recolher foi imposto e os judeus não foram mais autorizados a circular pelas ruas entre as oito da noite e as seis da manhã. Depois disso, as coisas foram de mal a pior. Em 14 de julho de 1942, setecentos judeus foram presos em Amsterdã e, no dia seguinte, o transporte de judeus para os campos de concentração de Westerbork, na Holanda, e de Auschwitz, na Polônia ocupada, teve início.

Os alemães começaram a prender meninos e meninas nas ruas e enviá-los em vagões de gado – via Estação Central de Amsterdã e Westerbork – para a Europa Oriental, onde supostamente seriam colocados para trabalhar. Agora conhecemos a horrível verdade, mas, naquela época, em nossa inocência, não sabíamos. Os primeiros grupos chegaram até a rumar em direção à morte cantando, com violões e violinos nas mãos. Muitos deles foram imediatamente assassinados, mas alguns foram obrigados a trabalhar antes para só depois morrerem de fome ou serem espancados até a morte.

Ainda me lembro do tio Levi perguntando ao meu pai:

– Barend, o que você acha que eles fazem com os judeus na Polônia?

– Provavelmente fazem picadinho deles – respondeu meu pai.

Fiquei chocada. Antes, sua resposta sempre seria: "Eles serão postos para trabalhar. Os alemães são muito espertos para não aproveitá-los o máximo possível primeiro. Seria tolice matá-los logo de cara".

Apesar desses acontecimentos, que nos deixavam cada vez mais desesperados, a vida apenas seguiu em frente. Por exemplo, eu tinha uma amiga, Clara Cardozo, que via quase todos os dias. Conversávamos e passávamos nosso tempo juntas, como fazem as moças. Nossas famílias eram grandes amigas e papai jogava cartas com o pai e os irmãos dela. Os Cardozo pertenciam ao lado materno de minha família e eram de Roermond, no sudeste da Holanda, mas, como a casa de moda do pai de Clara fora confiscada e eles tiveram de se mudar para Amsterdã, moravam agora em um espaçoso e magnífico apartamento em Zuider Amstellaan (hoje Rooseveltlaan). Além de nos encontrarmos todos os dias, eu também a via toda semana em minhas aulas de dança judaica.

Encontrava-me ainda com meu primo Loutje na aula e me apeguei muito a ele. Ele se tornou um jovem encantador: alto, esbelto e bonito. Voltara a morar com seu pai, o tio Jacques, e a madrasta, a tia Tini, desde o início de 1941, após o período que passara em um orfanato em Leiden. Havia feito um curso profissionalizante em moda e se especializado em confecção de camisas; quando retornou para casa, ensinou ao pai tudo o que sabia sobre o ofício. Juntos, começaram um negócio bem-sucedido.

Loutje e eu regulávamos em idade e passávamos muito tempo juntos. Na aula de dança, muitas vezes formávamos par. Não consigo mais imaginar como continuamos com as atividades normais enquanto eventos inconcebíveis se desenrolavam ao nosso redor, mas éramos jovens e cheios de energia, e não podíamos ficar sentados esperando pelo pior. Éramos pessoas novas e inocentes que não compreendiam em sua totalidade a gravidade da situação para os judeus europeus.

Aos poucos, no entanto, a realidade começou a ficar clara para nós. Pouco mais de um ano depois, em abril de 1942, Loutje, como tantos outros jovens, foi convocado para trabalhar no Leste Europeu. Ele veio até nossa casa e jamais me esquecerei da conversa entre ele e meu pai. Ele perguntou a papai se ele sabia onde conseguir um par de botas ou sapatos resistentes para levar consigo. Era difícil para qualquer pessoa comprar bons sapatos ou botas nas lojas, e quase impossível se você fosse judeu. Todos ainda achavam que as pessoas estavam mesmo sendo convocadas para trabalhar, e Loutje queria estar bem preparado.

Mais tarde, descobri que ele fora enviado para um campo de extermínio e, em 1943, assassinado.

4

Longe de Casa:
Uma Família Escondida

A convocação de Loutje veio como um alerta – logo, também seríamos enviados para um campo de trabalho.

Papai vacinou a mim e Clara contra doenças fatais, como a peste pneumônica e a difteria. Por alguma razão, nem ele nem mamãe foram vacinados. Pareciam levar a própria saúde menos a sério do que a nossa.

Fiz 20 anos em 7 de junho de 1942. Mas o que deveria ter sido uma comemoração tornou-se um dia sombrio, pois recebi a temida convocação, exigindo que me apresentasse na Estação Central de Amsterdã para ser levada a um campo de trabalho no Leste Europeu. Não sabíamos na época o que acontecia às pessoas nos campos, mas é claro que a última coisa que eu queria era deixar minha família para trás e ir embora sozinha. Afinal, ainda era uma criança.

Para ganhar tempo, papai me deu um chocolate laxante, de modo que tive uma terrível diarreia. Ele chamou o médico, que redigiu um atestado afirmando que havia sangue nas minhas fezes. Recebi um *Sperre* por doença – um documento que dispensava minha intimação para embarcar no transporte para o campo de trabalho –, mas ele era válido apenas por alguns dias. Eu precisava de uma desculpa mais permanente.

Você poderia obter uma isenção se trabalhasse em certas profissões, como enfermagem, então decidi fingir que era enfermeira. Dientje Jesse, uma grande amiga não judia de minha prima Zetty Roet, tinha sido enfermeira antes de se casar, assim, peguei emprestado dela um uniforme, vesti-o e fui ao Departamento de Isenções em Amsterdam-Zuid. Em frente ao prédio, tinha um banco que servia de escrivaninha. Havia uma mulher sentada atrás dela, com um oficial da SS postado ao seu lado.

A fila era bem longa. Tive de esperar por horas a fio, meu nervosismo aumentando cada vez mais. Estava com medo das perguntas que fariam para saber se eu estava dizendo a verdade, mas, quando chegou a minha vez, a mulher disse apenas que era contra as regras trocar um *Sperre* por doença por uma isenção social. Eu deveria me apresentar para o transporte para a Europa Oriental no dia seguinte.

Havia nutrido grandes esperanças em relação ao meu plano, por isso, fiquei desesperadamente decepcionada e tratei logo de ir até o senhor e a senhora De Jong para lhes dizer que não poderia mais trabalhar para eles. Quando cheguei, eles estavam no jardim conversando com o vizinho, um imigrante judeu alemão que dirigia uma fábrica de peles e tinha a missão de confeccionar roupas para os soldados alemães no *front* russo. Ele ouviu minha história e, para minha surpresa, disse:

– Por que você não vem trabalhar para mim?

Como o tipo de trabalho que eu faria era considerado essencial para a guerra, significava que não teria de ir para a Polônia. Mal podia acreditar nessa reviravolta. Que golpe de sorte! Isso jamais teria acontecido se eu não tivesse me arriscado a deixar Mittwoch e me candidatado à vaga dos De Jong! Não foi a última vez durante a guerra que minha vida seria salva por pura sorte.

Voltei para casa aliviada e, naquela noite, nossa família sentiu, de fato, que tínhamos algo para comemorar no meu aniversário. Repleta de alegria, apresentei-me para trabalhar na fábrica de peles na manhã seguinte e comecei a aprender o ofício, confeccionando luvas e outros artigos.

Enquanto isso, o perigo continuava a crescer. Um dia, papai voltou para casa e disse que os alemães estavam prendendo meninos e rapazes na rua. Enviou-me para avisar meus primos Maurits e David, os filhos do tio Arie e da tia Sara. Eles moravam a quinze minutos a pé de nós. Pensando agora, percebo como isso foi estranho. As moças estavam sendo presas na rua assim como os rapazes, mas, por alguma razão, ninguém em minha família se deu conta do risco que eu corria ao realizar a incursão.

Embora eu tivesse 20 anos, minha família ainda me via como uma criança. Como Clara e eu éramos muito mais jovens do que Louis, David e nossos primos, éramos sempre vistas como menininhas, e, quando nossos pais e irmãos participavam de eventos familiares, nós duas ficávamos em casa e esperávamos que voltassem da festa com bolos. Portanto, não ocorreu a meu pai – nem a mim, na verdade – que eu poderia estar em perigo quando saísse. Foi somente no caminho de volta para casa, quando vi garotos e garotas sendo carregados em caminhões, que percebi como era arriscado. Cobri minha estrela de Davi e me apressei em retornar, com o coração na boca, rezando para que os alemães não me avistassem.

Tio Arie e tia Sara tentavam havia algum tempo viajar para a Suíça com o filho Maurits, que já era casado. Após meu aviso, efetuaram outra tentativa. O sogro de Maurits era um rico comerciante de diamantes, por isso a família dele tinha uma grande soma em dinheiro para pagar a qualquer um que pudesse ajudá-los a cruzar a fronteira. Aguardaram em um café pelo contrabandista, conforme as instruções, mas, em vez de serem levados a um local seguro, foram presos pela polícia alemã. O homem a quem haviam pago tanto dinheiro os traíra.

Presumo que os informantes não sabiam naquele momento das consequências mortais de sua traição – eram apenas gananciosos. Além do dinheiro dos judeus a quem haviam oferecido ajuda, também poderiam receber uma recompensa de sete florins em troca de cada judeu que entregassem. Isso era muito dinheiro naquela época – o equivalente ao pagamento do auxílio social de uma semana –, e a tentação para alguns era simplesmente grande demais.

Para os judeus, era impossível saber em quem poderiam confiar, mas tio Arie e sua família estavam tão desesperados que assumiram o risco. Após a prisão deles, a polícia alemã os mandou para casa, mas algumas semanas depois foram capturados durante a perseguição sistemática a judeus. O filho mais velho, David, que estava estudando medicina, tinha se escondido na casa de um colega em Hilversum. Tudo indicava que estava a salvo. Porém, uma noite, decidiu ir até sua casa para buscar alguns livros. Naquela mesma noite, a família foi presa pelo *Sicherheitsdienst* (SD) – o serviço de inteligência e segurança nazista – e transportada para Auschwitz. David também. Nunca mais vimos nenhum deles.

Viver ou morrer dependia, não raro, de uma decisão casual de frações de segundo. Meu pai também cogitara fugir para a Suíça, mas, depois do que aconteceu com tio Arie e sua família, não teve mais coragem. E àquela altura não sabíamos o que acontecia às pessoas que eram transportadas para a Europa Oriental. Ainda achávamos que iriam para campos de trabalho.

Enquanto isso, os Aliados lançavam bombas. Uma caiu perto de nossa casa – felizmente, destruiu apenas a janela. Apesar do perigo, recebíamos bem as bombas. Afinal, sabíamos que as Forças Aliadas estavam lutando para derrotar os nazistas e vivíamos na esperança ingênua de que a guerra acabaria em breve. Contudo, ela só chegara mais perto.

Quatro meses depois de ter sido chamada, meu pai foi o próximo a ser convocado para se apresentar em um campo de trabalho em Drenthe. Talvez pudéssemos inventar outro estratagema, mas corria o boato de que, se o homem da família fosse, a esposa e os filhos ficariam isentos. Acreditamos nisso – assim como acreditávamos em todas as mentiras que nos diziam –, então, papai decidiu que era melhor ir.

Embora o momento da despedida tenha arrasado nossos corações, em 2 de outubro ele partiu de bom humor para o local de concentração. Estávamos ansiosos, naturalmente, mas pensávamos de verdade que ele seria colocado para trabalhar – talvez em uma fazenda ou em uma fábrica. Temíamos por ele, no entanto não havia nada que pudéssemos fazer para mudar a situação e tínhamos todos os motivos para acreditar que voltaríamos a vê-lo. Foi doloroso para nós saber que um dia depois de sua chegada a Drenthe ele foi encaminhado direto para o campo de trânsito de Westerbork. Não havíamos previsto isso. Será que não fora considerado forte o bastante para trabalhar? Após a guerra, fiquei sabendo que todos os homens foram enviados do campo de trabalho para o campo de trânsito.

Westerbork foi construído em 1939 pelo governo holandês para receber refugiados judeus da Alemanha – era destinado a fins humanitários. Ironicamente, isso tornou as coisas mais fáceis para os nazistas. Quando os alemães invadiram a Holanda, mais de setecentos judeus já viviam no campo. A localização isolada também funcionava a favor deles: as estradas não eram asfaltadas e, quando chovia, a terra logo se transformava em lama, tornando o lugar ainda menos acessível.

Westerbork, a princípio, foi supervisionado pelo governo holandês, mas, assim que ficou sob a autoridade alemã, foi fácil para os nazistas transformá-lo em um campo de trânsito para judeus. Eles isolaram o local com uma cerca de arame farpado e sete torres de vigia, e ergueram galpões de madeira. No fim, somavam-se 107 construções desse tipo, cada uma com capacidade para trezentas pessoas. Aqueles que estavam em vias de serem transportados podiam trazer cada um uma mala ou mochila, etiquetada com seu nome, data de nascimento e a identificação "Holanda". Meu pai já havia comprado mochilas grandes para nós, seguindo o conselho dado aos judeus caso fossem enviados repentinamente para a Europa Oriental.

À primeira vista, a vida diária em Westerbork até que parecia tolerável. O campo era em parte administrado por uma seleção de líderes judeus e oferecia acesso à saúde, educação e esportes, com um cabaré uma vez por semana. A ilusão de vida normal era tão bem sustentada, que minha prima Sarah – que eu visitara com a vovó no orfanato judeu – chegou a se casar lá. Ela viera para Amsterdã em 1941 para trabalhar como governanta de um jovem rabino em Haarlem e se apaixonara por ele. Quando ele foi mandado para Westerbork no início do verão de 1942, Sarah, que era metade judia e, portanto, não precisava se juntar ao transporte, decidiu ir com ele.

Sabemos que o papai passou algum tempo no hospital em Westerbork, embora eu não tenha certeza do porquê. A princípio, pensei que ele pudesse estar fingindo não estar bem porque era mais confortável e seguro ficar nos galpões reservados ao hospital, mas depois soube que na verdade ele estivera gravemente doente. Pergunto-me se talvez estivesse sofrendo de abstinência do álcool. Em todo caso, ele tinha permissão para nos enviar um cartão uma vez por mês.

Também recebíamos notícias de amigos e familiares que trabalhavam em Westerbork e tinham permissão para deixar o campo com regularidade – se trabalhassem para o Conselho Judaico, poderiam voltar para casa todo fim de semana. Cheguei até a enviar chocolate para papai, o que, como veremos mais tarde, salvou minha vida. Essa ilusão de normalidade foi mantida para que as pessoas ficassem calmas e não se rebelassem, e acho que funcionou. Os prisioneiros achavam que, se cooperassem, teriam uma boa chance de permanecer em segurança, mas tudo não passava de fachada.

Entre julho de 1942 e setembro de 1944, partiram trens de Westerbork todas as terças-feiras para transportar judeus a campos de extermínio. Ninguém estava a salvo. Minha prima Sarah e seu marido foram levados com todos os outros e assassinados. Se não tivesse escolhido ir com ele, ela poderia ter sobrevivido à guerra, sendo metade judia, mas quem pode culpá-la por querer ficar com o homem que amava? Sessenta e cinco trens abarrotados de judeus partiram de Westerbork para Auschwitz, onde a maioria dos prisioneiros pereceu nas câmaras de gás logo após o desembarque; dezenove trens partiram para Sobibor, onde todos tiveram o mesmo destino na chegada; e também havia os trens para Bergen-Belsen e Theresienstadt. Quase 107 mil judeus holandeses viajaram por essas rotas com destino à morte.

Na mesma noite em que papai foi levado para Drenthe, fui despertada pelo som de pesadas botas alemãs subindo as escadas. Fiquei na cama com Clara e nos abraçamos para confortarmos uma à outra. Meu coração martelava no peito. Achei que estivessem vindo atrás de nós, mas eles levaram uma família de um dos outros apartamentos. Evidentemente, não estávamos na lista deles naquela noite.

O estranho é que, embora estivesse com medo, retirei os *bobs* dos cabelos para o caso de sermos transportadas. O que não faz a vaidade de uma jovem! Parece inconcebível que alguém pensasse em tal coisa em um momento como aquele, mas trata-se da mais pura verdade. Não sabíamos o que estava acontecendo com nossos vizinhos, mas ouvíamos pessoas gritando.

– Eles virão nos buscar amanhã – disse a minha mãe, apavorada.

O som de pessoas sendo levadas embora é assustador. Os oficiais alemães da SS e a polícia holandesa faziam um estardalhaço enquanto marchavam escada acima, batendo nas portas e ordenando a todos, jovens e velhos, que saíssem o mais rápido possível. Os alemães berravam com as pessoas, chutavam e batiam nelas, sem nenhuma consideração em relação a doença, idade ou fragilidade. Eles os jogavam em caminhões com a ajuda da polícia holandesa.

Muitos eram levados para o Hollandsche Schouwburg, um teatro na parte central do antigo bairro judeu, e enviados de lá para Westerbork. O local foi construído em 1892 e gozou de grande sucesso na década de 1930, com peças sérias, revistas e operetas. Muitos artistas judeus alemães e austríacos fugiram para a Holanda e se apresentaram lá, ao lado de refugiados judeus do Leste Europeu.

Era um teatro animado, e as apresentações que recebia eram de alta qualidade, mas não muito depois da ocupação alemã as medidas antissemitas começaram a deixar sua marca. O lugar foi renomeado para Joodsche Schouwburg (teatro judaico), e os judeus foram proibidos de se apresentar para o público não judeu. Ironicamente, o teatro era tão popular que os não judeus pegavam emprestadas as estrelas de Davi para entrar.

O próximo capítulo da história do Hollandsche Schouwburg é devastador. Entre 1942 e 1943, milhares de homens, mulheres e crianças judeus foram detidos lá para serem transportados para Westerbork. Poucos retornaram. Meu primo David Roet – que estava no sanatório em Laren in 't Gooi na mesma época que eu – provavelmente foi morto dessa forma e, sem dúvida, outros membros da família também.

O teatro é hoje um memorial, com os nomes de todos os judeus holandeses assassinados listados nas paredes. Lá dentro, você pode ouvir gravações de relatos de vários artistas da época. Uma atriz conta a arrepiante história da noite anterior ao fechamento do teatro:

> Havia um nazista nos bastidores inspecionando tudo sem tocar em nada. Ele andava nas pontas dos pés, em silêncio. Ele me disse: "Não se preocupe comigo, espero não estar incomodando você". Todos se perguntavam o que ele estava fazendo ali. Conversamos sobre isso e concluímos que ele talvez achasse que algo de errado estivesse acontecendo. No dia seguinte, ele retornou e nos disse que o teatro estava fechado e que agora era um centro de deportação. Ele disse que, se fizéssemos objeções, poderíamos nos oferecer para partir no primeiro transporte.

O teatro, na verdade, possuía duas funções: era usado como centro de deportação, mas também como lugar para manter judeus presos por períodos mais longos. O prédio era completamente inadequado para esse propósito, e as pessoas encarceradas contavam sobre como era superlotado ali, sobre o fedor nauseante e como aqueles que estavam detidos se sentiam desesperadamente apavorados.

Walter Süskind, que fugiu da Alemanha para a Holanda em 1938, era o gerente do teatro na época. Eu o conheci quando ele fazia parte do Grupo Westerweel (um grupo de resistência), mas naquele momento não tinha ideia do que ele fazia. Süskind usou sua posição para salvar crianças judias de uma creche em frente ao teatro. Ele conspirou com as pessoas que trabalhavam lá para resgatar o maior número possível de crianças, transportando-as às escondidas em bolsas ou mochilas para outras partes da Holanda, onde foram acolhidas por famílias não judias. Süskind certificou-se de que o nome delas fosse removido da papelada – para que os nazistas não soubessem de sua existência –, e cerca de seiscentas crianças foram salvas dessa forma. A esposa de Süskind, Johanna, e sua filha, Yvonne, foram assassinadas em Auschwitz em outubro de 1944. O próprio Walter morreu em 28 de fevereiro de 1945, durante uma das marchas da morte.

No dia seguinte ao que mamãe, Clara e eu escapamos da atenção dos alemães por um triz, percebi que algo devia ser feito se não quiséssemos acabar no Hollandsche Schouwburg. Minha mãe era incapaz de conceber planos. Ela não tinha ideia do que fazer. Papai sempre tomara as decisões importantes para a família, e antes dele os pais e irmãos mais velhos de mamãe haviam feito o mesmo.

Meus pais ainda podiam me ver como uma criança, mas eu tinha a personalidade do meu pai. Era obstinada e determinada. Quando me vi confrontada com esse terrível desafio, sabia que deveria me comportar como uma adulta e fazer o que fosse melhor para minha mãe e Clara. Decidi que deveríamos nos esconder. Era outubro de 1942.

O movimento de resistência ainda engatinhava e era difícil encontrar endereços onde pudéssemos nos esconder, mas eu fazia uma ideia. Minha amiga Clara Cardozo me confidenciara que ela não participaria de nossa aula de dança na semana seguinte porque estaria viajando com a família. Eu sabia que ela queria dizer que eles iriam se esconder ou deixar o país.

Ela morava com o pai, os irmãos e a cunhada em um grande apartamento em Amstellaan, mas a cunhada não iria com eles, contou-me Clara. Nunca perguntei por que e só posso supor o motivo. A esposa de seu irmão não parecia judia porque era loura, assim como a filha de 3 anos. Talvez ela houvesse sido informada de que teria maior chance de sobreviver vivendo abertamente como uma não judia do que se escondendo com os sogros, que tinham todos cabelos escuros e pareciam inegavelmente judeus.

Quando minha mãe concordou com o plano de se esconder, procurei a cunhada de Clara na esperança de que ela tivesse contatos que pudessem ajudar. Ela me forneceu o contato de um homem que negociava endereços, e acabou por ser alguém que eu já conhecia: nosso agente de seguros.

Era muito caro se esconder – poucas pessoas estavam preparadas para receber refugiados sem serem pagas. Então, liguei para as pessoas em Middelburg com quem meu irmão David ficara alojado a princípio – os Jongeneel. Meu pai havia deixado algum dinheiro e joias com eles logo no início, quando os judeus foram proibidos de guardar tais itens. A senhora Jongeneel, que desde então se tornara uma grande amiga nossa, veio até nós com a quantia que eu havia solicitado.

No dia seguinte, nosso corretor de seguros nos disse que minha mãe e Clara deveriam ir para a estação de trem e viajar para o sul. Elas deveriam ficar em Eindhoven com uma mulher que tinha três filhos – um menino e duas meninas. Mais tarde, descobri que o marido dela morava com a amante, por isso ela ficava sozinha com os filhos. Não fui com mamãe e Clara – só havia espaço para duas pessoas e teria custado muito caro.

Então, mamãe e Clara deixaram Amsterdã e eu permaneci na cidade para sobreviver sozinha. Era uma situação péssima. Não fazia ideia de quando voltaria a vê-las, mas havia muitas coisas a resolver para ser consumida pela dor. Tinha de me concentrar em mim mesma. Para levantar algum dinheiro, vendi todos os nossos utensílios de cozinha para a amiga de minha mãe, Jo Nijland. Ela me pagou dois florins por eles e, embora fosse uma soma insignificante, fiquei muito feliz por ter algum dinheiro. Isso mostra quão desesperada eu estava. Também precisava encontrar um lugar para morar.

Quando ainda estava na escola, eu frequentava aulas noturnas para aprender taquigrafia e datilografia, e tinha feito amizade com uma colega. Ela também morava com a família em um grande apartamento em Amstellaan. Quando as coisas começaram a ficar muito ruins para os judeus, ela me disse:

– Se você precisar de um lugar para ficar, venha até nós.

Fui mesmo até ela, carregando uma grande mala de roupas atrás de mim.

Eram cinco filhos e o apartamento estava lotado – dividíamos um quarto. Lembro-me de ter ficado chocada com o fato de meus anfitriões dormirem somente com suas roupas de baixo. Por mais pobre que minha família fosse, sempre dormíamos de pijamas. A família era abastada – tinha de ser, para morar naquele endereço –, mas nenhum dos filhos possuía roupas de dormir. Olhando em retrospecto, percebo que foi bastante preconceituoso de minha parte, mas também mostra que meus pais sempre tiveram o cuidado de manter um certo padrão de vida, por mais difícil que tenha sido fazê-lo.

Alguns dias depois de me mudar, a mãe mencionou que o carvão e a comida estavam acabando. Meu pai tinha acumulado um grande suprimento para durar durante a guerra, então, contei-lhe o que tínhamos e fomos buscá-lo. Passada apenas uma semana, ela explicou que estava ficando perigoso me abrigar na casa e que eu teria de ir embora naquela noite.

– Mas vocês ficaram com todo o nosso carvão e comida – disse em minha inocência.

– Oh, isso tudo já se foi – ela respondeu.

Ela estava mentindo, é claro, mas, como eu não conseguiria carregar o carvão e a comida comigo, não havia nada a fazer a não ser aceitar a situação. Saí naquela noite, arrastando minha mala atrás de mim mais uma vez. Senti-me traída. Foi ingênuo da parte de minha amiga oferecer ajuda e, claro, não era seguro para eles me manterem lá – "Temos de pensar em nossos cinco filhos", disse a mãe –; ainda assim, fiquei muito desapontada.

Perambulei pelas ruas com meus pertences como uma nômade. A única coisa em que consegui pensar foi em procurar tio

Jacques e tia Tini, que moravam a cerca de quinze minutos a pé. Eles me acolheram. Loutje já havia sido convocado para o campo de trabalho na Europa Oriental a essa altura, por isso dormi em seu antigo quarto. Se naquele momento eu soubesse o que acontecera a ele, teria sido insuportável fazê-lo.

Ainda mantinha contato com papai durante esse período difícil. A cunhada de minha prima Zetty trabalhava no escritório do Conselho Judaico de Westerbork, e papai escreveu para me dizer que eu poderia ir vê-la para saber como ele estava. Quando nos encontramos em Amsterdã, ela me entregou o objeto que se tornaria meu bem mais precioso: a caneta-tinteiro Waterman preta de papai. Eu a reconheci de imediato, pois era aquela que ele sempre utilizara. A visão do objeto transportou-me de volta aos velhos tempos: papai escrevendo cartas e fazendo anotações; toda a família reunida em casa. Fiquei feliz por ele ter pedido à cunhada de Zetty para me dá-la. Eu a via como um talismã – era como se meu pai estivesse comigo, e estava decidida a não perdê-la.

Embora o próprio papai estivesse em uma situação tão precária, ele ainda pensava nos outros. Pediu-me que levasse algum dinheiro para duas senhoras idosas muito pobres toda semana. Quando o fiz, elas me contaram que ele fazia isso havia anos, apesar de muitas vezes nós mesmos termos pouco dinheiro.

A única coisa que me pediu que fizesse por ele foi enviar-lhe alguns chocolates. Achei um pedido estranho, já que ele não era fã de doces, mas foi nesse ponto que a cunhada de

Zetty explicou que ele ficara gravemente doente e estava na enfermaria. Ao que parecia, ele queria os chocolates para dar às enfermeiras. Suspeito de que as estivesse subornando para deixarem-no permanecer por mais tempo – é provável que fosse mais seguro lá do que estar no campo e correr o risco de ser transportado para a Europa Oriental.

Certifiquei-me de comprar caixas de chocolates enormes do homem que meu pai me recomendara e mandá-las de tempos em tempos. Para minha surpresa, elas eram aceitas no campo e chegavam a papai. Esse foi apenas um dos muitos exemplos inimagináveis de como os alemães faziam as coisas. Um prisioneiro podia ser autorizado a receber presentes em um dia e, então, no dia seguinte, ser transportado para outro campo e assassinado.

Eu ainda trabalhava na fábrica de peles, e uma manhã saí cedo para pegar o correio antes do trabalho. Tinha acabado de enviar um pacote de chocolates e queijo para papai e estava a caminho da fábrica quando me senti inquieta. Não consigo explicar – apenas tive um instinto de que algo não estava certo. Uma sensação de nervosismo na minha barriga. Cheguei à esquina da rua, porém, ansiosa, decidi voltar para a casa de tio Jacques.

Algumas horas depois, fiquei sabendo que naquele mesmo dia – 11 de novembro de 1942 – o *Sicherheitsdienst*, liderado por seu chefe Willy Lages, havia invadido a fábrica. As saídas foram bloqueadas e os funcionários, presos e deportados para campos de concentração. Se não tivesse seguido meus instintos, estaria entre eles. Não podia acreditar – um forte sentimento de culpa e alívio apoderou-se de mim quando os rumores foram confirmados, e eu comecei a tremer. Eu tinha escapado – de novo. Mas o sentimento de ansiedade não me abandonou.

Anos mais tarde, depois da guerra, encontrei um dos dois irmãos que eram donos da fábrica. Ele me disse que fugiu para os banheiros quando ouviu os caminhões chegarem. Os outros, entre eles, seu irmão, foram todos levados para fora e forçados a subir nos caminhões. Nenhum deles voltou a ser visto. Se meu pai soubesse que minha vida havia sido salva porque eu estava fazendo algo por ele, ficaria muito comovido. No fim, ele nunca soube o destino de sua família.

Em 6 de dezembro de 1942, enquanto estava com tio Jacques e tia Tini, recebi uma mensagem de que papai fora enviado para Auschwitz. Ele foi assassinado lá em 7 de dezembro, embora eu só tenha descoberto isso vários meses após o fim da guerra. Por muito tempo, as autoridades não sabiam o que havia acontecido a ele. Já estava morando na Inglaterra quando fui comunicada. Claro que durante todo esse tempo eu esperava que ele ainda estivesse vivo. Sabia que meu pai possuía um forte instinto de sobrevivência e tinha ouvido tantas histórias de pessoas que haviam escapado, que mantive a esperança até que a mensagem inconcebível chegou.

Na época, vivia com um medo terrível, porque não sabia onde minha família estava ou qual era a situação em que se encontravam. Depois que a fábrica de peles foi fechada, eu não tinha mais emprego, então, fui cuidar dos filhos do meu primo David Roet. A namorada de David, Riekie, engravidou em 1939, mas os pais dele eram contra o casamento. Ele não tinha emprego e eles desaprovavam a formação de Riekie – não a achavam boa o suficiente para ele. Ela não tinha instrução e com frequência adoecia por causa da tuberculose.

Eu conhecia bem a família, e David costumava passar muito tempo em nossa casa. Ele e meus irmãos eram grandes amigos, e David sempre se sentiu mais em casa conosco do que com a própria família. Em maio de 1940, quando contou ao meu pai sobre a gravidez de Riekie, papai organizou uma confraternização em nossa casa para David, Riekie e os pais de David, Levi e Jaan. Nas noites que antecederam a reunião, Riekie dormiu na minha cama e eu dormi no quarto de hóspedes.

Meu pai, como sempre um homem honrado, disse a meu tio e tia que era dever de David se casar com Riekie, ainda mais porque era isso que o jovem casal desejava. Assim, eles se casaram, um segundo filho nasceu e, em 1942, Riekie estava grávida do terceiro. Ela foi levada ao hospital judaico no início da gravidez devido à tuberculose, e foi durante o período de internação que comecei a ir à casa deles todos os dias para cuidar de seus outros dois filhos. Era mais uma novidade profissional para mim, e me levaria à primeira contribuição para a resistência.

Dientje Jesse, a mulher que me emprestara o uniforme de enfermeira, morava dobrando a esquina da rua de tio Jacques. Apesar de ter crescido na católica Limburg, teve uma educação estritamente protestante, mas ela própria não era religiosa e estava desesperada para sair de casa. Ela arranjou um emprego em uma sapataria em Alkmaar e foi lá que conheceu Bob Jesse.

Ela e Bob se casaram pouco antes do início da guerra e se mudaram para um adorável apartamento em Amsterdã. Dientje o havia decorado em um estilo moderno, com piso de linóleo laranja no quarto. Estava tão orgulhosa dele que você precisava retirar os sapatos antes de colocar os pés lá dentro. Na época, a maioria das mulheres tinha de abandonar o emprego ao se casar, e com Dientje não foi exceção; por isso, ela dedicou todo o seu tempo ao apartamento e, como descobri mais tarde, à resistência.

Conheci Dientje e Bob por intermédio dos meus primos David e Zetty Roet. Os dois casais eram cerca de dez anos mais velhos do que eu. Não os conhecia muito bem, mas eles me ajudaram quando precisei durante a guerra e nos tornamos grandes amigos. Bob era metade judeu, e ele e Dientje tinham muitos amigos judeus que precisavam de documentos e endereços falsos para se esconderem. Foi por isso que começaram a trabalhar para a resistência, que na época estava apenas começando. Eles usavam carteiras de identidade supostamente perdidas para seus propósitos, as quais obtinham de toda forma possível. Nos primeiros dias, Bob removia as fotos das carteiras "perdidas" usando uma técnica muito primitiva e, em seguida, colava novas fotos.

Um dia, Dientje me pediu que visitasse Riekie no hospital, onde ela estava na maternidade com seu novo bebê, Levi. Eu deveria mantê-la falando o máximo possível depois que ela o alimentasse, para que Dientje, vestida com seu uniforme de enfermeira, pudesse levá-lo embora. Em vez de devolvê-lo ao berçário, Dientje o levaria a um esconderijo. Os bebês eram separados das mães por um tempo naquela época – em uma enfermaria infantil –, entao, ela não imaginaria que nada indesejável estivesse acontecendo. Riekie não tinha permissão para saber coisa alguma do nosso plano, já que com certeza teria gritado e protestado, e se recusado a entregá-lo.

Muitos pais judeus não queriam que os filhos fossem levados. Não percebiam o que aconteceria a eles e não tinham noção do perigo que enfrentavam. Tinha de ser feito às escondidas, para manter os funcionários do hospital – que estavam envolvidos em segredo – também longe do perigo. Depois que Levi foi removido com sucesso, Dientje disse a Riekie o que tínhamos feito e por quê. Ela não teve escolha a não ser aceitar e permanecer sozinha no hospital. Não voltei a vê-la, mas só posso presumir que, embora tivesse ficado perturbada por ter perdido o bebê, no fim tenha sentido alívio por ele ter sido salvo.

Levi foi rebatizado de George, entregue à família de um mineiro católico em Limburg, e foi muito bem cuidado. Depois da guerra, ele foi para Israel. Os outros dois filhos de Riekie e David, de quem eu cuidava, também foram entregues a pais adotivos cristãos. Os três sobreviveram à guerra; infelizmente, a mãe e o pai deles, não. Logo após a remoção de Levi, o hospital judaico foi evacuado, e Riekie foi transportada para Auschwitz.

Esta foi minha primeira tentativa de contribuição para a resistência e a primeira vez que percebi que ela existia. Ainda não sabia muito sobre o movimento, mas esse incidente deu uma pista do que acontecia e me envolvi sem estar totalmente consciente. Àquela altura, não tinha ideia de até que ponto viria a participar das atividades de resistência; ainda pensava, sobretudo, na minha própria segurança. Só mais tarde comecei a considerar com seriedade como poderia ajudar os outros.

Enquanto isso, lutava para sobreviver financeiramente. O dinheiro que papai deixara com a senhora Jongeneel em Middelburg estava quase acabando. Ainda recebia dinheiro deduzido do salário de Louis, que um contador do Hollandsche Stoomboot Maatschappij entregava todo mês para a amiga de minha mãe, Jo Nijland. Eu encontrava o tal contador na casa de Jo para receber o dinheiro, mas depois de um tempo "tia" Jo disse que aquilo estava ficando muito perigoso: seu vizinho tinha um amigo do Movimento Nacional-Socialista em quem não podia confiar. Portanto, como não havia outro lugar seguro onde pudesse encontrar o contador, essa fonte de renda foi interrompida. Após a liberação, fui ver o contador, mas ele fechou a porta na minha cara. É provável que tenha embolsado ele próprio o dinheiro. Quando Louis descobriu que o dinheiro deduzido de seu salário durante a guerra nunca havia chegado a mim, ficou furioso.

Tive de arranjar um meio de ganhar dinheiro para poder pagar a tio Jacques e a tia Tini por alimentação e alojamento. Não poderia esperar que eles me alimentassem e me oferecessem um quarto de graça. Embora Jacques estivesse tentando confeccionar camisas para seus clientes particulares, era um processo tão lento sem Loutje que era difícil para ele dar conta do recado. Tia Tini, que não era judia, cuidava da venda e entrega das peças, coisa que os judeus estavam proibidos de fazer. Mas, embora as camisas fossem feitas de tecido caro, que Jacques comprara por um preço alto no mercado negro, não podia vendê-las por muito.

David Roet e seu amigo Hartog Hammelburg vieram em meu auxílio. Alugaram uma carroça, carregaram alguns móveis e pinturas da minha família nela e os venderam por alguns florins. Fiquei aliviada por ter algum dinheiro, embora pouco, para poder pagar pela minha comida. E pelo menos assim nossos bens não foram parar nas mãos dos nazistas. Embora ainda houvesse muitos móveis, roupas e outras coisas em nosso apartamento, nunca mais os vi. Muitas vezes me pergunto o que aconteceu a eles.

Embora eu tivesse conseguido um pouco de dinheiro extra, não fui capaz de permanecer com minha tia e meu tio por muito tempo. Tia Tini, que sempre foi uma mulher nervosa, vinha ficando cada vez mais ansiosa com minha presença. O volume de sua voz foi aumentando cada vez mais, até beirar a histeria. Um toque de recolher fora imposto a todos, a menos que você tivesse um passe especial que dava permissão para sair depois das oito da noite, e as cortinas blecaute tinham de ser fechadas para que nenhuma luz pudesse ser vista de fora. Os funcionários da força de proteção contra ataques aéreos, muitos dos quais simpatizantes do regime nazista, podiam vir a qualquer momento para inspecionar os edifícios.

Uma noite, a campainha tocou um pouco depois das oito. O apartamento de Jacques e Tini situava-se no último andar, então, escalei a janela do meu quarto para o lado de fora e subi no telhado. Deitei na calha sob a chuva torrencial para me esconder. Às vezes, o oficial de proteção contra ataques aéreos não apenas vinha até o apartamento, mas também ia até meu quarto e acendia a luz. Nessa ocasião, descobriu-se que o oficial viera somente para informar sobre os novos regulamentos, e meu tio comentou que ele era um sujeito bastante gentil. No entanto, suas visitas supostamente bem-intencionadas persistiram, e minha tia foi ficando cada vez mais angustiada.

Em outra ocasião, ele apareceu e eu subi no telhado, como de costume. Fiquei ali deitada durante uma eternidade, pegando chuva à noite, tremendo de frio e terror. Testemunhei o inspetor de ataques aéreos acender e apagar as luzes em todos os cômodos e espiar pelas janelas. Eu estava com medo de que ele pudesse me flagrar, então, pulei para o telhado seguinte e me escondi lá. Apenas permaneci ali, esperando-o ir embora, tentando ficar o mais silenciosa e imóvel possível. Sempre tive muito autocontrole. Quando algo é necessário, eu o faço.

Esses incidentes, que continuavam a acontecer com maior frequência, agora parecem tão inacreditáveis que muitas vezes penso que devo tê-los sonhado. Parecem mais algo saído de um filme do que da vida real, e ter escapado de ser capturada vezes sem conta traz a sensação de uma incrível façanha. Mas eu era jovem. Estava em forma e era forte. Representava um risco enorme estar no telhado, mas era algo que precisava ser feito. Não era apenas perigoso para mim, mas também para Jacques e Tini. Como judeu casado com uma cristã, meu tio encontrava-se naquele momento livre; no entanto, se descobrissem que estava me escondendo, teria sido deportado e Tini teria sofrido o mesmo destino. Não sabíamos sobre os campos de concentração àquela altura, mas ainda assim não queríamos ser pegos. Havia uma sensação de perigo bem real.

Alguns dias depois da mais recente visita inesperada, tio Jacques disse que achava melhor que eu fosse embora. Ele estava bastante preocupado com os nervos de Tini e temia que ela pudesse deixar algo escapar por acidente. Era fácil dizer algo errado, e várias pessoas foram traídas involuntariamente dessa forma.

Tio Jacques ficou comigo em Londres depois da guerra, e soube que ele tinha sido protegido até certo ponto por seu casamento com Tini. Contudo, homens judeus casados com mulheres não judias foram convocados para esterilização, e por duas vezes ele foi levado ao hospital para o procedimento. Em ambas as vezes os médicos adiaram a operação, tendo encontrado motivos médicos para mandá-lo para casa sem realizá-la. Evidentemente, eram médicos humanos que fizeram tudo ao seu alcance para protegê-lo.

Tomada pelo desespero por perder meu lugar para morar, recorri ao corretor de seguros que havia encontrado um esconderijo para mamãe e Clara e pedi-lhe que procurasse um endereço para mim. Ele encontrou um lugar em um bairro de classe operária em Jordaan – no centro da cidade – com um jovem casal que tinha gêmeos recém-nascidos. Arrumei minha grande mala mais uma vez e parti para seu minúsculo apartamento no terceiro andar. Claro, uma jovem zanzando por aí com uma mala enorme deve ter parecido bastante suspeito. Preocupava-me o fato de que as pessoas talvez estivessem olhando para mim e se perguntando o que estava acontecendo, mas não havia muito que pudesse fazer quanto a isso. Era perigoso – eu sabia. Cobri minha estrela de Davi o melhor que pude e de alguma maneira consegui me safar.

Para nos manter em segurança, tive de fingir ser outra pessoa. A partir daí, era hora de deixar para trás quem eu era de verdade e começar a assumir diferentes papéis. Durante o período que passei com o casal em Jordaan, era a suposta irmã do marido e viera do norte. O dono da casa era muito alto e louro, e fora posto para trabalhar na construção do Boschplan, que mais tarde se tornou o parque Amsterdamse Bos.

Para sobreviver, era essencial que eu não fosse reconhecida como judia. Embora não fosse alta, de fato agora estava muito loura – o irmão de tio Jacques era dono de um salão de cabeleireiro de luxo e foi lá que descoloriram meus cabelos. Assim como tio Jacques, ele era casado com uma não judia, o que significava poder dar continuidade à administração do seu negócio. Ele descoloriu os meus cabelos fora do horário de funcionamento, quando não havia outras clientes no estabelecimento.

Meu irmão de mentirinha e sua esposa eram pessoas adoráveis – foi um prazer ficar com eles. No entanto, havia apenas dois aposentos no apartamento: eu dormia na sala de estar, e eles dormiam e comiam no quarto dos fundos com os bebês. Esse foi um sacrifício recorrente que muitos não judeus fizeram para salvar vidas judias, e tentava me ausentar o máximo possível para lhes dar privacidade.

Minha cama era um divã trazido do sótão. Até que era confortável, mas depois de algumas noites estava coberta de caroços vermelhos e pensei que tivesse pegado alguma doença. Fui até Dientje em busca de um diagnóstico, e ela me disse que eram picadas de pulga. Nunca tinha visto pulgas antes. Ela me deu algo para me proteger, mas havia milhares delas naquele divã, de modo que nada ajudou.

Após alguns meses, esbarrei por acaso em Hartog Hammelburg – o amigo de David Roet que me ajudara a vender alguns dos móveis e pinturas da minha família – na rua. Ele me advertiu para não voltar a Jordaan. O corretor de seguros que encontrara um esconderijo para mim havia tentado negociar com o *Sicherheitsdienst*, explicou ele – o homem se oferecera para dar ao SD os nomes de todos os judeus que ajudara em troca da liberdade da esposa e dos filhos.

Suspeito que o *Sicherheitsdienst* apareceu para prendê-lo, e a sua família, e encontrou as listas, mas, assim como ocorreu com tantas outras coisas, jamais saberemos a verdade. A verdade é que ele e a família foram deportados para Auschwitz, ou seja, mesmo que em seu desespero de fato tivesse negociado, foi em vão. Vários judeus de sua lista foram encontrados e presos, entre eles, toda a família Cardozo, inclusive minha amiga Clara.

Ficou claro que eu poderia ser a próxima, então, Hartog disse que eu poderia ficar com ele. Ele pegou uma cama emprestada e colocou-a em seu quarto em um alojamento numa rua lateral da Ferdinand Bolstraat. Hartog tinha sido um *chef* confeiteiro de renome em Alkmaar – onde conhecera Zetty e David, e Dientje e Bob – e era excelente cozinheiro. Conseguia farinha, manteiga e ovos no mercado negro e cozinhava no corredor, onde havia um forno e uma pia. Foi maravilhoso para mim, porque não havia aprendido nem mesmo o básico de culinária, graças à ênfase que papai dera ao meu desenvolvimento acadêmico.

Hartog e eu compartilhamos algumas refeições deliciosas e também costumávamos jogar xadrez. Ficar com ele foi muito divertido. O único problema foi que não percebi que ele se apaixonou por mim. Eu era demasiado inocente para a minha idade e não fazia ideia dessas coisas. Nossas camas ficavam posicionadas uma em frente à outra, e uma noite ele se deitou comigo na minha. Fingi estar dormindo e permiti que ele me tocasse porque não tinha ideia de como lidar com aquilo. Quando ele foi longe demais, apenas o empurrei, ainda fingindo estar dormindo.

Algumas noites depois, voltou a acontecer. Desta vez, quando ele ultrapassou o limite, agi como se tivesse acordado de repente e disse-lhe para me deixar em paz. No dia seguinte, fui a Dientje contar o que havia acontecido e ela encontrou outro lugar para eu morar. Era fim de 1942 e, embora ainda não soubesse, foi o início de minha participação ativa na resistência.

Essa história tem um triste desfecho, que até hoje me assombra. Hartog era um homem muito sensível e Dientje me contou, após a guerra, que ele estava tão angustiado por eu ter ido embora sem dizer uma palavra que foi para a rua, vagando até ser preso. Ele morreu em Auschwitz.

Antes de forçar a própria prisão, levou todo o seu dinheiro e bens para Dientje e pediu-lhe que os entregasse a mim. Quando a guerra acabou, a irmã de Hartog visitou Dientje. Ela tinha acabado de ter um filho com um soldado norte-americano que havia retornado aos Estados Unidos e agora estava sozinha com o bebê. Dientje deu a ela todos os pertences de Hartog.

Quando soube de seu destino, senti-me muito mal. Perambular pelas ruas daquele jeito fora estupidez da parte dele, mas me sentia péssima por ser a causa de sua angústia. Ainda me sinto arrasada por isso, mesmo depois de todo esse tempo.

5

Cabelos Descoloridos: *na Resistência*

Era assim que eu vivia, como uma loura não judia sem um lugar para chamar de lar. Nesse ponto, minha vida deu uma reviravolta quando conheci duas pessoas. O doutor Wim Storm era o chefe do Departamento de Neurologia do hospital universitário em Leiden e estava envolvido até o último fio de cabelo na resistência. Ele encontrava lugares para os judeus se esconderem, realizou o parto de bebês ilegais judeus de mulheres escondidas e ajudou pessoas a fugirem para a Frísia, onde conhecia vários fazendeiros solidários.

Havia também não judeus que precisavam de auxílio, porque estavam envolvidos em grupos de protesto ilegais, por exemplo, ou haviam se recusado a assinar a declaração de lealdade ao regime nazista. Todos eles tiveram de se esconder e Wim também os ajudou, fornecendo-lhes comida e documentos de identidade. Ele era um homem baixo, bastante rechonchudo, de pele lisa e rosada, e todas as garotas da resistência estavam perdidamente apaixonadas por ele. Wim poderia levá-las a fazer qualquer coisa, inspirando-as a assumir grandes riscos ao realizar suas atividades. Eu o admirava muito por todo o seu nobre trabalho, mas nunca me apaixonei por ele.

Ann de Lange, sua esposa – ou a mulher com quem ele vivia, pelo menos –, havia trabalhado para a resistência desde que as medidas contra os judeus tinham começado. Ela conhecia diversas pessoas influentes e tinha todo tipo de contato útil: desenhistas e donos de tipografia, bem como escritores e jornalistas. Desde 1941, estivera envolvida na publicação do jornal clandestino *De Vonk*, que ajudei a distribuir entre 1942 e 1944.

Tanto Wim quanto Ann se tornaram grandes amigos meus. Em dezembro de 1942, recebi um presente de Ann: um lindo pijama de seda cor de salmão que eu adorava. Essas coisas não estavam mais disponíveis nas lojas e, mesmo que estivessem, jamais teria sido capaz de pagar por tal ostentação.

A princípio, eu via Wim apenas como alguém que me ajudou, porque foi ele quem me levou ao novo lugar que Dientje havia organizado. Eram os dois andares superiores de uma casa à beira do canal no Oude Singel, em Leiden, alugada por duas jovens, Antje Holthuis e Mien Lubbe, que eram colegas de Wim. Antje era médica, e Mien, técnica de laboratório médico.

Mais tarde, quando o próprio Wim se escondeu porque os alemães descobriram suas atividades, Antje assumiu o cargo dele como chefe do Departamento de Neurologia, apesar de ter apenas 23 anos na época. Assim como os outros médicos do hospital, ela estava envolvida na resistência, e ela e Mien estavam sempre preparadas para levar judeus para a clandestinidade. A maioria ficava por apenas alguns dias, mas alguns, como eu, permaneceram por períodos mais longos.

Em maio de 1943, Lies (Alice) Kropveld, uma professora de 27 anos, também veio morar na casa do canal de Leiden e ficou até depois da libertação. Ela tinha uma aparência flagrante de judia e não podia sair durante o dia, mas, quando o tempo estava ensolarado, sentava-se na varanda aos fundos da casa, onde ninguém podia vê-la. Estava apaixonada por um colega que ensinava inglês com ela na escola secundária em Leiden, e Wim os ajudou a trocar cartas.

Além de Dientje e Bob Jesse, Antje e Mien, Wim e Ann – e, claro, Greet –, ninguém sabia que eu era judia. Havia tantos não judeus escondidos que não parecia estranho o fato de eu também estar lá. Para ocultar ainda mais minha identidade, usei o nome de uma aluna que havia morado em meu quarto, Wilhelmina Buter. Era uma norte-americana que havia conseguido retornar aos Estados Unidos bem a tempo – acredito que tenha partido na última balsa, quando os alemães invadiram a Holanda. Ela tinha nome holandês, então, deve ter tido pais ou avós holandeses que haviam emigrado.

As pessoas diziam que eu me parecia um pouco com ela e recebi uma carteira de identidade com seu nome. Não sei se a resistência produziu aquele documento, pois outros itens dela também haviam sido deixados para trás. Minha foto estava colada nele; era a primeira vez que vivia plenamente como outra pessoa.

Era essencial que o menor número de pessoas possível soubesse que eu era judia; minha segurança dependia disso. Só muito mais tarde ficou evidente para mim como havia sido bem-sucedida em manter esse segredo, quando Thea Boissevain, uma amiga com a qual estive presa em Ravensbrück, revelou-me que uma outra prisioneira havia dito que ela nunca tinha confiado em mim porque jamais dissera nada sobre mim mesma.

Na época, eu não sabia nada sobre o trabalho de resistência que Antje e Mien realizavam. Sabia apenas que eram boas pessoas que me ofereceram refúgio. Em troca, ajudava-as a cuidar da casa, cozinhava um pouco, fazia as compras e coletava novos cupons de alimentação. Cada vez que saía de casa arriscava minha vida, porque era judia, mas tinha de fazê-lo – para que todos nós pudéssemos continuar vivos.

Eu fazia as compras de bicicleta e todos os meses ia ao conselho municipal para obter novos cupons de alimentação. Também ia ao restaurante comunitário, onde se podia conseguir um ensopado pronto, quase todos os dias. Havia pouco gás ou eletricidade, e refeições prontas eram uma opção melhor do que comida caseira.

Essas atividades à primeira vista cotidianas eram tão arriscadas quanto o trabalho de mensageira que eu assumiria mais tarde. Um dia, quando fui à Câmara Municipal, levei o maior susto da minha vida. Ouvi um homem gritar: "Selma!". Sem dúvida, tratava-se de alguém que conhecia minha verdadeira identidade. Corri os olhos ao redor e vi que era Harry Groen, um homem que conheci na casa dos meus primos em Amsterdã. Ele era metade judeu e tinha crescido no orfanato judaico em Leiden, mas meus primos me disseram que ele era um traidor. Ao que parecia, os alemães haviam lhe dado um carrinho cheio de escovas e roupas novas para que ele pudesse ir de casa em casa vendendo-as, e depois denunciasse todos os judeus que encontrasse.

Quando o vi, pensei que meu coração fosse parar. Agarrei minha bicicleta e pedalei para casa o mais rápido que pude, olhando por cima do ombro durante todo o trajeto. Já em casa, ocultei-me atrás da cortina e espiei pela janela. Vi-o vir pela ponte próxima com seu carrinho de mão. Nossa casa ficava à direita da ponte e, para meu imenso alívio, ele virou à esquerda. Estava apavorada. Antje e Mien não estavam em casa, então não mencionei o ocorrido a elas, mas permaneci em casa pelos dias seguintes, e por um tempo fui bastante cuidadosa. Por sorte, nunca mais o vi.

Havia uma terceira pessoa escondida com Lies e eu: um judeu de 83 anos que se escondia no anexo de nossa casa. Seu nome era Weill, mas o chamávamos de vovô. Um dia, nossos caminhos se cruzaram no banheiro. Conversamos um pouco e ele perguntou se eu sabia jogar xadrez. Depois disso, nos encontramos para jogar algumas vezes por semana. Ele também me ensinou *mahjong* e passamos agradáveis tardes na companhia um do outro.

Ele tinha uma governanta não judia que ia à residência todos os dias com a neta, uma menina de cerca de 12 anos. A governanta estava apaixonada pelo senhor Weill e tinha ciúme do tempo que eu passava com ele. Sem meu conhecimento, ela pediu a Antje que me mandasse parar de vê-lo. Antje obedeceu e disse que o vovô Weill estava gripado e eu não deveria ir até ele. Algum tempo depois, a governanta me convidou para uma xícara de chá e admitiu que ele não estava doente e ficava perguntando por mim. Quando ele perguntou a ela por que parei de ir até ele, ela lhe disse que *eu* é que estava com gripe.

Depois da guerra, descobri onde ele morava em Leiden e o visitei. Sua governanta também estava lá, e desde então se tornara sua esposa, portanto, pelo menos essa é uma história com um final feliz. Também descobri que a menina que pensei ser sua neta era na verdade neta do vovô Weill. Ela estava se escondendo com a governanta, que, fazendo-a se passar por sua neta não judia, tornou possível sua sobrevivência à guerra.

Antje Holthuis era uma típica garota holandesa, com cabelos louros curtos e pele clara. Ela não ligava muito para roupas sofisticadas, mas, como estávamos em meio a uma guerra, de todo modo não havia mesmo muito para se ter. Era uma pessoa muito tranquila. Lembro-me de quando uma mulher grávida, que ficou conosco por algumas semanas, reclamou que havia pedrinhas na salada. Antje poderia ter ficado brava com a frescura da mulher, dadas as circunstâncias em que outras pessoas se encontravam, mas ela apenas disse que tornaria a lavá-la. Ficava relaxada diante da maioria das coisas, exceto quando precisava dar tratamento médico a alguém, ocasião em que se tornava particularmente meticulosa. No fim das contas, foi ela quem acabou fazendo o parto da mulher que reclamou da alface.

Mien Lubbe era um tipo bastante diferente, bem mais alta do que Antje e eu, e muito magra, com cabelos louro-escuros que quase lhe chegavam aos ombros. A maioria de nós usava o mesmo penteado. Embora eu fosse imensamente grata às duas mulheres, sempre tive a sensação de que Mien e eu não nos demos bem. Claro, isso não nos impediu de trabalharmos juntas pela resistência. Apenas não tinha o mesmo nível de amizade com ela que tinha com Antje, embora tenha permanecido em contato com as duas depois da guerra. No último ano do conflito, Antje e Mien esconderam vários homens no sótão para ajudá-los a evitar o trabalho forçado. Elas usavam os canos de metal que corriam entre o corredor de baixo e o segundo andar para avisá-los em caso de emergência. Eram mesmo mulheres muito corajosas.

Quando comecei a morar com Antje e Mien, elas nada disseram sobre o trabalho na resistência. Vários médicos do hospital em Leiden apareciam para jantar e (sem que eu soubesse) participar de reuniões da resistência. Esses profissionais trabalhavam para salvar os judeus que haviam sido levados ao hospital por terem tentado suicídio devido às novas medidas antijudaicas alemãs. Entre esses pacientes estava meu primo Iessy (Isaac) van Frank, um judeu devoto de 25 anos que sofreu tanto sob o regime opressor que tentou se enforcar. Depois de salvá-lo, os médicos encontraram um esconderijo para Iessy e sua família, que incluía meus tios e tias de Leiden, a irmã de Iessy, Klaartje van Frank – a prima cujas roupas mamãe havia ajustado para caberem em mim quando eu era pequena –, e minha prima Carla. Todos eles sobreviveram à guerra.

No início, os médicos que vinham nos ver falavam de assuntos médicos, mas comecei a perceber que, assim que me levantava para buscar algo na cozinha, que ficava um pouco distante, no fim do corredor, eles passavam a conversar sobre outras coisas. Uma noite, quando Antje comentou com o grupo que eu sabia jogar xadrez, ela disse que um de seus colegas, um professor de medicina, adoraria disputar uma partida comigo. Eu disse que não era muito boa, mas eles me encorajaram a fazê-lo mesmo assim. Uma semana depois, marcaram um encontro – então, comecei a jogar xadrez com ele. Um dia, pediram-me que passasse uma mensagem a ele sobre uma reunião e, em ocasiões subsequentes, fui solicitada a informá-lo de que o senhor Fulano de Tal sentia-se muito melhor naquele dia ou o senhor Cicrano não estava muito bem, e que o professor, por favor, o visitasse. Nunca dei muita atenção a isso. Pareciam todas mensagens genuínas e ficava feliz em transmiti-las.

Muito tempo depois, percebi que as mensagens eram em código e que o professor, assim como os outros médicos, estava envolvido na resistência. Aos poucos, o grupo começou a falar de maneira mais aberta sobre suas atividades e a compartilhar comigo todo tipo de história. Por exemplo, um dos médicos, Els Mulheisen, contou-me certa noite sobre vários homens da resistência que haviam sido presos, e mencionou o nome de um em particular: Joachim Simon, ou Shushu.

Simon trabalhou com o Grupo Westerweel e ajudou a estabelecer rotas de fuga para a França, Espanha e, mais para o fim, para a Palestina. Ele havia sido detido ao cruzar a fronteira com a Holanda depois de ajudar um grupo de refugiados a ficarem em segurança. Permaneceu preso no centro de detenção de Breda, onde cometeu suicídio pulando de uma janela do terceiro andar, movido pelo medo de sucumbir à tortura e deixar escapar informações. Depois da guerra, vários criminosos de guerra alemães ficaram encarcerados naquela mesma prisão, entre eles, o grupo conhecido como Três de Breda. Mais tarde, eu vivenciaria um confronto com um dos três, Willy Lages, o chefe alemão do *Sicherheitsdienst* em Amsterdã, que liderou o ataque à fábrica de peles onde eu trabalhava.

Els também me disse que o movimento de resistência estava com escassez de gente, em especial mulheres jovens.

– Posso ajudar de alguma forma? – perguntei.

O movimento havia ajudado mamãe e Clara e, em troca, eu queria fazer algo por todas aquelas pessoas que estavam correndo riscos tão enormes para salvar outras. Bob Jesse me chamou de lado e me disse em privado que seria muito perigoso porque eu era judia, mas respondi que estava acostumada a me passar por não judia e gostaria muito de contribuir. E foi assim que, desse modo tão simples, meu trabalho como mensageira para a resistência teve início. Os outros membros não foram informados de que eu era judia – era mais seguro para todos nós dessa forma.

Na verdade, havia vários judeus trabalhando ao lado de não judeus na resistência – muitos mais do que tínhamos conhecimento durante a guerra. As pessoas não raro pensavam que a maioria dos judeus que tinham escapado das deportações para os campos de concentração havia se refugiado de imediato, mas nem sempre foi esse o caso. O fato de que não era do interesse dos judeus serem identificados como tal explica, em certa medida, por que tão poucos foram reconhecidos por suas contribuições. O antissemitismo prevalecente após a guerra também teve seu peso na minimização do papel do povo judeu em atividades clandestinas. As pessoas hoje chegaram à conclusão de que a contribuição judaica para a resistência foi muito grande em relação ao tamanho da população judaica antes da guerra, portanto, eu não era a única mulher judia determinada a ajudar. Pessoas muito corajosas corriam riscos enormes, e eu também queria fazer o que pudesse.

Havia vários grupos de resistência em operação, que não mantinham contato uns com os outros, a menos que fosse absolutamente necessário. Cada grupo se concentrava em atividades distintas, que variavam desde o fornecimento de bicicletas e obtenção de passagens de trem até a produção de documentos de identidade falsos para aqueles que precisavam de ajuda a fim de escapar e encontrar endereços para outros se esconderem. Alguns grupos estiveram envolvidos em sabotagem, enquanto outros coletavam informações.

Eu fazia parte de um pequeno subgrupo formado também por Bob, conhecido na resistência como Peter Vos, o líder do grupo; e Jan Kraayenhof de Leur, um jovem gentil da minha idade que também era de Alkmaar. Trabalhávamos com os católicos no sul, grupos de resistência na Frísia e em Gelderland, e com a LO, a *Landelijke Organisatie voor Hulp aan Onderduikers* [Organização Nacional de Ajuda a Pessoas Escondidas]. Éramos uma pequena parte de uma engrenagem em uma máquina imensa, e ninguém sabia com exatidão o que os outros estavam tramando.

Meu papel era o de mensageira, algo útil para a resistência porque os alemães desconfiavam muito menos de mulheres jovens. Eu viajava por toda a Holanda e cruzava a fronteira com a

Bélgica e a França com malas repletas de boletins ilegais, panfletos sobre greves, dinheiro e cupons de alimentos para pessoas escondidas, além de carteiras de identidade falsas. Os documentos não eram destinados apenas a judeus escondidos, mas também a jovens cristãos que se recusavam a assinar o juramento de lealdade ou haviam sido convocados para transporte aos campos de trabalho e não queriam ir.

Trabalhar para a resistência pode parecer assustador e empolgante, e é claro que era, porém ao mesmo tempo tudo parecia normal. Tudo o que eu fazia era perigoso, mas as tarefas que eu tinha de cumprir consistiam de atividades comuns do dia a dia – pegar o trem, viajar com uma bolsa ou uma mala, entregar papéis às pessoas. Tornou-se de fato rotina e no fim assemelhava-se a um trabalho como outro qualquer. Fazia isso com tanta frequência que se tornou um meio de vida, assim como servir de modelo para as peças do senhor Mittwoch todos os dias nas lojas de roupas.

Na verdade, o mais notável é que na maioria das vezes eu não me preocupava com minha segurança. Queria ajudar a qualquer custo – aquele sentimento era muito forte. Não se pode viver com medo constante. Até mesmo o medo é algo com que você se acostuma. Deve-se deixar isso de lado e apenas seguir em frente com o que se está fazendo. Todos os dias, eu realizava coisas que colocavam minha vida em risco, mas os atos em si não eram diferentes do que costumava fazer enquanto cumpria minhas atividades diárias normais. Isso não quer dizer que eu não estivesse com medo, mas não permitia que o medo me dominasse – o desejo de frustrar os nazistas e ajudar as pessoas em perigo era mais forte.

Alguns dias depois de eu ter dito que queria me envolver no trabalho da resistência, Ann e Wim me pediram que cumprisse minha primeira missão. Acabou sendo uma tarefa aterrorizante. Ann me deu uma maleta de papéis na Estação Central de Amsterdã para serem entregues em cinco diferentes cidades: Leiden, Dordrecht, 's-Hertogenbosch, Maastricht e Eindhoven.

Quando desci do trem em Leiden e me virei para sair da plataforma, estava nervosa: a maioria das estações possuía postos de controle. Percebi que havia um ali, comandado por dois oficiais alemães e dois holandeses. Eles me pararam.

– O que tem na maleta? – questionou um deles.

– Papéis – respondi.

– Abra.

Meu coração estava disparado. Comecei a mexer nos fechos, que não sabia como manipular, e tinha certeza de que me entregaria. Por fim, consegui abrir a maleta, mas não fazia ideia do que encontraria lá dentro. Havia cinco pacotes embrulhados em papel pardo com as letras L, D, H, M e E inscritas neles. Achei que só aquilo já seria suficiente, mas, para minha surpresa, um dos oficiais alemães disse que estava tudo bem e que eu poderia ir. Afastei-me o mais rápido que pude – tomando cuidado para não dar a impressão de estar fugindo.

Uma vez fora da estação, comecei a tremer de maneira incontrolável e fiquei com uma terrível dor de estômago. Tal dor se tornaria uma manifestação física do meu medo e, nos meses seguintes, eu sofreria disso com frequência. Quando cheguei em casa, Antje e Mien disseram que eu estava pálida, com uma aparência péssima, e perguntaram o que tinha acontecido. Mien me deu uma bebida forte, que com certeza era o que eu precisava. No dia seguinte, concluí a tarefa com sucesso.

Em outra ocasião, Ann me encontrou na Estação Central de Amsterdã com uma mala gigantesca. Ela a colocou na rede de bagagens em frente ao meu assento para que eu pudesse ficar de olho nela, mas ao mesmo tempo pudesse negar que fosse minha, caso se mostrasse necessário. Uma mulher se sentou à minha frente e sorriu. Conversamos um pouco. O trem parou em várias estações e, depois de Haia, precisei ir ao banheiro.

Quando retornei, achei que tinha sentado no vagão errado: a mala não estava em parte alguma, mas a mulher ainda estava lá, então, devia estar no lugar certo. Onde, em nome de Deus, havia ido parar a mala? Alguém devia tê-la roubado, mas, como eu não queria chamar atenção, não pude perguntar à mulher se ela tinha visto alguma coisa. Tentei não deixar claro que procurava pela mala, mas a mulher notou minha confusão.

– Você perdeu sua mala? – ela perguntou.

– Oh, não – apressei-me em responder, mas devia estar com uma expressão péssima; era óbvio que ela não acreditou em mim.

Quando paramos em Roterdã, ela enfiou a cabeça pela janela e chamou o condutor.

– A mala desta garota foi roubada!

Claro que ela só queria ajudar, mas eu poderia tê-la estrangulado! Um oficial alemão se aproximou de mim.

– *Raus!* – disse ele, ordenando que eu descesse do trem.

Fiz uma rápida prece, torcendo para que a mala não tivesse sido encontrada. Na plataforma, ele me perguntou onde eu havia colocado a mala e o que havia nela. Disse a primeira coisa que me veio à mente:

– Roupas íntimas. – E, como isso pareceu um pouco esquisito, logo acrescentei: – Além de outras peças.

O condutor-chefe soprou seu apito e gritou:

– Fechem as portas!

Meu trem começou a partir. Por sorte, o oficial alemão foi chamado.

– Espere aqui! – ele me disse, mas, assim que ficou de costas para mim, corri e pulei no trem em movimento.

Quando chegamos a Dordrecht, onde eu deveria trocar de trem para Maastricht, estava prestes a desembarcar quando o condutor me parou e perguntou:

– Você é a garota que perdeu a mala? O que havia nela?

Mais uma vez, contei-lhe que continha roupas íntimas e outras peças. Ele me entregou uma pequena mala que não era a minha e perguntou:

– É esta?

Ele a abriu e estava cheia de roupas.

– Sim – menti, esperando desesperadamente me safar. – É esta. Obrigada.

E fui embora com o guarda-roupa de outra pessoa.

Em Dordrecht, fui ao correio e enviei a Ann um telegrama codificado para o endereço de seu irmão, dizendo a ela que algo havia dado errado com os papéis. Depois, retornei para Leiden.

Ann apareceu no dia seguinte e riu da minha história. Ela calculou que alguém tivesse roubado a mala porque pensou estar cheia de roupas. Disse que seria melhor eu ficar em casa por um tempo, caso a polícia ou a Gestapo publicassem minha história e minha foto.

Mais tarde, soubemos que a mala havia sido encontrada em uma vala e suspeitamos de que os papéis ainda estivessem nela, embora encharcados. Divertimo-nos ao imaginar como a pessoa que roubou a mala devia ter ficado chocada quando a abriu e percebeu como ela era perigosa, com todos aqueles papéis ilegais dentro.

Não foi meu único contato com o perigo. Certa noite, alguém tocou a campainha depois das oito. O toque de recolher estava em vigor a partir das oito horas, então, se alguém tocasse a campainha depois desse horário, era sempre preocupante – ninguém tinha permissão para sair depois das oito. Antje espiou com cautela por trás das cortinas e viu um carro com homens do *Sicherheitsdienst*.

Lies e eu corremos de imediato para o quarto de Mien. Havia um pequeno esconderijo ali, acima do guarda-roupa duplo. Retiramos uma prancha e rastejamos para dentro da estreita abertura. Era muito apertado: com os joelhos puxados para cima e a cabeça para baixo, em posição fetal, encaixávamo-nos lá dentro. Lies estava acima de um lado do armário, e eu acima do outro.

Ainda bem que era baixa e magra. Fiquei em silêncio completo e não movi um músculo, mesmo quando minhas pernas adormeceram e meu pescoço ficou tão rígido que parecia quebrado. Estava realmente apavorada. Para continuar suportando aquilo, tentei imaginar que tudo não passava de uma brincadeira, que éramos crianças brincando de esconde-esconde.

Enquanto isso, a inteligente Mien arquitetou um plano com rapidez e tirou todas as suas roupas. Quando o oficial alemão entrou, ficou tão envergonhado com sua nudez que deu apenas uma olhada superficial pelo aposento antes de voltar a sair. Não tenho ideia de onde o vovô Weill se escondeu, mas estávamos todos a salvo.

Quando Mien disse que poderíamos deixar nossos esconderijos, eu havia perdido todas as sensações restantes em meu pescoço e pernas, mas estava muito aliviada. Não sei se seria capaz de permanecer naquela posição por muito mais tempo. Mien colocou uma cadeira ao lado do guarda-roupa e nos ajudou a descer. Mal podíamos endireitar as pernas, mas tinha sido um esconderijo bem-sucedido e ficamos satisfeitas por saber que poderíamos ficar lá por um tempo. No entanto, se Mien não tivesse tido aquela presença de espírito, as coisas poderiam ter se desenrolado de forma diferente.

Nossa casa pertencia à nossa vizinha, a senhora Christiaansen, e ela também era proprietária da casa ao lado. Havia dois garotos escondidos em sua casa. Não sabia que um deles era judeu – a senhora Christiaansen o apresentou a mim como seu sobrinho. O outro era Wil, um rapaz católico de Gelderland.

Wil e eu nos conhecemos certo dia quando colocamos as cabeças para fora da janela e começamos a conversar.

Ele se recusara a assinar o juramento de lealdade às novas autoridades alemãs, que era obrigatório para estudantes que queriam ir para a universidade. Como resultado, foi convocado para um campo de trabalho, mas, em vez disso, se escondeu. Logo nos tornamos amigos.

Uma vez, quando visitava a casa ao lado, uma foto minha com os rapazes e os dois filhos da senhora Christiaansen foi tirada no jardim. Não paramos para pensar como isso era imprudente. Anos depois, minha prima Carla me mostrou um livro sobre Leiden nos tempos da guerra e de repente me deparei com aquela foto. Por um momento, ela me transportou de volta ao jardim da senhora Christiaansen. Li a legenda – todos os rapazes tinham nome, mas eu era "uma desconhecida escondida".

Wil costumava vir à nossa casa. Ele e eu deitávamos no tapete do sótão, ouvindo uma transmissão de rádio da BBC de Londres, ignorando o fato de que isso era proibido. Não demorou muito para que nos apaixonássemos. Se não estivéssemos ouvindo rádio, estávamos nos beijando. Havia tempo suficiente para isso durante os longos e enfadonhos dias em que não estava viajando para a resistência. Ele foi meu primeiro namorado e gostei muito de nosso tempo juntos, até que um dia sua mãe apareceu de repente à porta com uma garota que, ao que parecia, era sua noiva.

Talvez a senhora Christiaansen tenha dito à família dele que estávamos nos envolvendo e elas vieram para mostrar que ele já estava comprometido. Fiquei arrasada, e furiosa com ele – ele nunca mencionara uma namorada, muito menos uma noiva. Adotei uma atitude fria com relação a ele depois disso, mas ainda havia algo entre nós e, aos poucos, voltamos a nos tornar próximos. Éramos jovens e não havia mais nada para preencher o tempo, então, não foi tão surpreendente que, quando me mudei para Utrecht, aquilo chegou ao fim. Embora ele fosse meu primeiro amor, não tínhamos futuro juntos e, no fim, meus sentimentos por ele não eram profundos o bastante para me manter em Leiden.

Um dia, Wim me pediu que fizesse algo para ele. Ele ajudara minha prima Zetty a se esconder em Leiden. Ela estava sozinha. Seu marido, Emile, havia sido oficial do exército holandês e lutara na fronteira alemã na época da rendição holandesa. A princípio, fora mandado para casa, mas vários policiais tinham sido presos para servir de reféns. Os soldados judeus foram separados dos demais e enviados para a morte em campos de concentração, em especial em Auschwitz. Emile nunca mais retornou.

O bebê de Zetty e Emile, Evalientje, que nasceu em 15 de abril de 1942, foi entregue a uma família adotiva. Havia rumores de que fora abandonada na porta de um casal em Oegstgeest, a noroeste de Leiden.

Evalientje começou a ver a mãe adotiva como sua mãe verdadeira e continuou a fazê-lo; ela passou com eles seus anos de formação. O casal também tinha dois filhos, e Evalientje os considerava irmãos. Foi muito difícil para ela retornar para Zetty depois da guerra, pois não só estava emocionalmente ligada à mãe adotiva, como também teve de trocar uma vida de riqueza por outra de pobreza – Zetty tinha pouco dinheiro. Mais tarde, Zetty também se deu conta de que havia sido um erro enviar Evalientje para uma escola judaica, onde todas as crianças haviam perdido os pais durante a guerra. Essa é uma situação angustiante para uma criança.

Lamentavelmente, mãe e filha jamais foram capazes de construir uma relação amorosa normal após a separação. Era comum que crianças judias acolhidas por pais adotivos não judeus passassem a amá-los em lugar da própria família. Algumas vezes, elas ficavam com os pais adotivos depois da guerra, para grande tristeza dos pais biológicos; outras vezes, voltavam para casa, como Evalientje, mas nunca eram de fato felizes lá.

Claro, também havia várias crianças cujos pais nunca retornaram e que foram adotadas depois da guerra. Isso aconteceu com os filhos do irmão de Zetty, David, e da cunhada Riekie, que mencionei antes: Jannie, Levi e George.

Seja como for, Wim queria que eu fosse até os pais adotivos de Evalientje, que eram um casal muito gentil e agradável, para tirar uma foto do bebê e, em seguida, visitar Zetty. Zetty e eu ficamos muito felizes em nos vermos, e ela ficou encantada com a foto e as histórias que pude contar sobre sua filhinha.

A própria Zetty estava escondida com uma mulher cujo marido também era oficial do exército holandês e que fora feito prisioneiro, assim como Emile. No entanto, por não ser judeu, esse homem ficou na Alemanha, em vez de ser enviado a um campo.

A mulher precisava do dinheiro que recebia por acolher Zetty, mas ela não era uma pessoa gentil. Proibia Zetty de sair do quarto, e a pobrezinha ficava trancada por meses a fio, sem ninguém com quem conversar, exceto pela ocasional troca de palavras quando a mulher trazia um pouco de comida. Quando a sogra vinha visitar a mulher, Zetty não tinha permissão para se mover, no caso de ela ouvir algo e começar a fazer perguntas. Ao que parecia, a sogra tinha algo contra os judeus. Essas circunstâncias eram muito desagradáveis, mas as pessoas que ofereciam um esconderijo tinham de tomar cuidado, elas próprias, para não serem descobertas e presas.

Essa não foi a única vez que fui ver Zetty – visitei-a muitas vezes. Eu vinha tentando dedicar algum tempo aos estudos, para manter em dia meus conhecimentos e melhorar em idiomas e matemática. Quando Zetty ficou sabendo disso, se ofereceu para me ajudar. Passamos muitas horas estudando inglês, francês e matemática juntas. Peguei livros emprestados do mesmo professor com quem jogava xadrez e a quem continuava a transmitir mensagens clandestinas.

Foi uma época relativamente boa para nós, mas acabou quando o marido da mulher com quem Zetty se escondia foi solto e retornou para casa. Agora que o filho estava de volta, a sogra a visitava com mais frequência, e a presença de Zetty foi considerada muito arriscada, então, ela foi transferida para um local diferente em Utrecht. Demoraria um pouco até que eu voltasse a vê-la.

Depois de realizar várias missões para Wim e Ann, Bob Jesse se tornou meu ponto de contato. Ele era um homem doce que gostava de conversar e um organizador nato. Trabalhava dia e noite pela resistência. Era muito preciso e tinha uma bela caligrafia, com a qual anotava com cuidado todo tipo de detalhe em sua agenda para que não se esquecesse de nada. Quando tinha um trabalho para mim, vinha com instruções, uma tarefa de cada vez. Às vezes, me pediam que levasse documentos, em outras, dinheiro. Em algumas ocasiões, saí com envelopes contendo milhares de florins escondidos em minhas roupas.

Bob costumava me pedir que fosse a Haarlem – à casa de Frans e Henny Gerritsen. Frans falsificava passaportes e documentos de identidade para pessoas que queriam fugir. O movimento de resistência obtinha de várias maneiras os documentos que serviam como base. Alguns eram furtados de prefeituras ou indivíduos, e algumas pessoas que apoiavam nossa causa chegaram até a nos oferecer os próprios documentos, dizendo às autoridades que os haviam perdido. Outros, que queriam ganhar dinheiro, colocavam a identidade à venda. Vários funcionários que estavam do nosso lado nos forneciam carteiras de identidade e cadernetas de racionamento em branco. As fotos nos documentos tinham de ser substituídas, é claro.

No início, essa falsificação de documentos era feita de maneira bastante primitiva, mas Frans Gerritsen era um artista e já havia trabalhado como desenhista. Antes da guerra, ele morava em Amstellaan, em Amsterdã, algumas casas depois de Bob e Dientje. Eles se tornaram amigos, e Bob pediu a Frans que usasse suas habilidades artísticas para colocar o carimbo alemão nas novas fotos. Ele era excepcionalmente bom nisso e foi assim que se envolveu na resistência.

Frans e Henny também acolheram uma refugiada alemã, Paula Kaufman. Ela era bem morena e tinha uma inegável aparência de judia, por isso não era seguro para ela abrir a porta caso a campainha tocasse ou sair para fazer compras. Como Frans vivia sempre às voltas com o perigo, ele mandou Henny e seus gêmeos recém-nascidos para a casa dos pais, em Zeist, para a segurança deles. A fim de ajudá-los, pediram-me que fosse lá e permanecesse um pouco, para dar recados e atender a porta se alguém tocasse, enquanto Paula cuidava da casa e cozinhava. Ela também ajudava a confeccionar carteiras de identidade. Com água, removia cuidadosamente a foto e colava uma nova com a maior precisão possível. Frans então desenhava o carimbo necessário. No fim, Paula também se tornou muito boa em desenhar esses carimbos. Eu também aprendi, mas não era tão precisa quanto Paula.

Com frequência, eu ia "para casa" em Leiden para dormir, mas às vezes ficava em Haarlem, especialmente quando havia reuniões da resistência – com o Grupo Westerweel, por exemplo, no qual Bob, Jan Kraayenhof de Leur e eu trabalhávamos juntos. Joop Westerweel e a esposa, Wil, eram socialistas pacifistas e professores na De Werkplaats, a escola progressista Kees Boeke em Bilthoven, onde Frans também ensinara arte durante um tempo.

Joop e Wil tinham quatro filhos, mas ainda assim arriscavam levar judeus para a clandestinidade. Eles se envolveram com um grupo de refugiados alemães, rapazes e moças sionistas que tinham vindo para a Holanda antes da guerra para estudar agricultura em preparação para viver em Israel. Foi assim que conheceram Paula Kaufman, que também fazia parte do grupo.

Com os colegas, Joop organizou uma rota de fuga pela Bélgica e pela França rumo à neutra Suíça, ou para a Espanha e, por fim, a Palestina, e salvou 250 judeus dessa forma. Ele foi preso quando cruzou a fronteira belga com um grupo de refugiados judeus em março de 1944, sendo executado em Camp Vught, em agosto do mesmo ano. Apesar de ter sido torturado, se recusou a trair sua rede de contatos.

Wil também foi presa e enviada para Vught – ela inclusive estava lá na mesma época que eu –, e voltou a ver o marido antes de ele ser executado, sabendo que isso iria acontecer. Na manhã da execução de Joop, ele escreveu um poema, cuja penúltima estrofe tornou-se famosa.

> Se vou subir ou descer,
> não vale a pena o debate.
> Sinto o sagrado assombro,
> conheço a riqueza desta vida.

Muitas vezes me pergunto como as pessoas foram capazes de resistir a situações em que seu instinto de sobrevivência precisou ter prioridade sobre o verdadeiro luto, mas não havia escolha. Wil foi transportada para Ravensbrück com nosso grupo em setembro, e dividimos um beliche lá. Após a guerra, ela voltou para a Holanda. Uma grande floresta em Israel foi dedicada à memória de Joop Westerweel, em reconhecimento ao seu trabalho, e uma das árvores daquela floresta foi plantada em meu nome, o que considerei uma grande honra.

As reuniões com esse grupo costumavam durar até altas horas da noite. Várias pessoas ficavam em Haarlem, porque o toque de recolher das oito horas se aplicava a todos, a menos que tivessem um *Ausweis* – um documento que lhes concedia permissão para sair de casa. A resistência havia conseguido esse passe para mim, mas eu não queria chamar atenção andando pela rua sozinha à noite – a menos que não houvesse outra opção. Frans e Paula dormiam nos próprios quartos, e Bob e Dientje dormiam na cama de hóspedes. Todos os outros, entre eles, eu e Coert Reilinger – um outro colega combatente da resistência que eu voltaria a encontrar depois da guerra –, dormiam em almofadas no chão.

Uma noite, durante uma reunião com cerca de doze pessoas, a campainha tocou. Frans, Paula e eu logo tratamos de enrolar na toalha de mesa todos os pratos, xícaras e talheres e enfiá-los em um armário. Todos correram escada acima para se esconder em vários quartos e guarda-roupas. Depois de alguns minutos, Frans abriu a porta. Era o oficial de proteção contra ataques aéreos, que pensou ter visto uma luz, mas devia ter se enganado – Frans era muito bom com cortinas blecaute. Ele conhecia o oficial porque eram vizinhos, e me disseram que o homem era simpatizante do nazismo. Percebemos que tínhamos de ser bastante cautelosos e partimos na manhã seguinte em intervalos cuidadosamente planejados.

Sempre que íamos para casa, tomávamos o cuidado de fazê-lo antes das oito. Às vezes, Joop me pedia que o acompanhasse até a estação. Ele gostava de estar perto das pessoas e era um personagem muito interessante, mas eu me sentia desconfortável em ser vista em sua companhia porque ele se vestia de forma excêntrica. Era baixo e atarracado, e usava um casaco longo, um chapéu grande e sandálias marrons. Às vezes, até viajava com documentos falsos em um carro da Wehrmacht e tentava convencer os soldados alemães de seus pontos de vista antifascistas. Ele se destacava, e eu sabia que isso era perigoso. Eu tentava desaparecer em meio à multidão e sempre ficava aliviada quando pegávamos caminhos separados – ele para sua plataforma, e eu para a minha.

Frans muitas vezes estava fora, em várias missões perigosas para a resistência. Ele entrava em delegacias de polícia ou campos de concentração holandeses para resgatar pessoas que haviam sido presas e roubava documentos, na maioria carteiras de identidade ou cupons de racionamento. Um dia, enquanto ele estava longe se infiltrando em um centro de detenção, a campainha tocou depois das oito. Abri a porta com cautela para um oficial civil uniformizado.

– Há uma luz acesa lá em cima – disse ele, e passou por mim apressado, subindo as escadas. Tudo deve ter parecido estar em ordem, pois ele retornou não muito tempo depois e partiu. Mas Paula estava escondida em seu quarto no andar de cima. Ela desceu, branca como um lençol, e disse que a escada de acesso ao sótão fora desdobrada e que o oficial devia tê-la visto.

– E daí? – perguntei. – O que tem isso?

Ela me contou que havia um jovem com cerca de 18 anos escondido lá. Seu nome era Norbert Klein e ele era um refugiado alemão metade judeu do Grupo Westerweel. Em 1943, havia sido detido e preso pelo *Sicherheitsdienst*, depois trancafiado no departamento de pacientes psiquiátricos do hospital Wilhelmina Gasthuis. Frans conseguira libertá-lo de lá colocando uma escada sob a janela de um dos banheiros. Depois de ajudar Norbert a escapar, Frans construíra para ele um quartinho atrás da parede do sótão da casa em Haarlem, onde ele poderia permanecer deitado.

Era inacreditável que eu estivesse indo para lá havia meses e nunca tivesse descoberto que Norbert estava escondido no sótão. Paula deve ter sido muito cuidadosa e só levava comida para ele quando eu estava fazendo compras. Era melhor não saber os segredos uns dos outros, caso fôssemos pegos e torturados. Quando o oficial de proteção contra ataques aéreos apareceu, Paula tinha acabado de levar a Norbert sua refeição. Ela e eu conversamos sobre o que deveríamos fazer em seguida e, pela manhã, enviamos um telegrama com uma advertência codificada aos sogros de Frans.

Na noite seguinte, alguém bateu de leve na janela de trás. Era Frans. Ele já havia subido no telhado, perto do esconderijo de Norbert, para ver como ele estava. Norbert disse que estava tudo bem. Quando explicamos a Frans o que havia acontecido, ele disse que eu deveria voltar a Leiden por alguns dias para ficar lá em segurança. Ele verificou as cortinas blecaute, mas não conseguiu encontrar nenhuma fresta nelas. Acredito que o oficial de proteção contra ataques aéreos deva ter visto a luz da lâmpada no esconderijo de Norbert brilhando através do telhado, mas Frans disse que era impossível, já que ele havia coberto tudo corretamente.

Depois desse incidente, por precaução, Norbert foi passar algum tempo com Dientje em Amsterdã. Voltei a vê-lo um ano depois. Na época, eu morava em Utrecht, e Dientje sugeriu que passássemos um longo fim de semana em seu *trailer* perto de Arnhem. Para minha surpresa, Norbert estava lá também. Ele já morava na aldeia havia algum tempo e Dientje o visitava com frequência. Mais tarde, descobriu-se que o rapaz estava apaixonado por ela. Dientje sugeriu que eu fosse para o *trailer* na esperança de que ele direcionasse seu afeto para mim, mas Norbert e eu não tínhamos esses sentimentos um pelo outro.

Norbert sobreviveu à guerra, mas se tornou bastante instável. Suas experiências haviam lhe causado tamanho dano psicológico, que ele teve de passar o resto da vida em uma casa de repouso em Amersfoort. Frans o visitava com regularidade após a guerra. Eu o visitei também. Era tão triste vê-lo naquela condição, sem saber onde estava ou o que ocorria consigo.

Naquela época, ele estava na casa dos trinta e parecia ter demência total. Viveu por muitos anos mais. Quando morreu, Frans, que sempre foi amigo dele, organizou seu funeral.

Norbert não era capaz de suportar a tensão de estar em constante vigilância – ele não era o único que se sentia assim, é claro. Era uma maneira terrivelmente difícil de viver. Mas eu, felizmente, era forte – física e mentalmente. Não sabia ao certo do que era capaz, mas me sentia resistente o suficiente – talvez porque minha infância tenha sido uma espécie de passeio de montanha-russa – para fazer mais do que apenas me esconder. E, assim que comecei meu trabalho na resistência, descobri que não apenas poderia realizá-lo, mas que também queria fazer mais.

Certa vez, tive de entregar um envelope a um padre em Heerlen, no sul do país. Foi uma longa viagem de trem, mas tudo correu bem e passei pelo posto de controle sem problemas.

Depois de deixar a estação, segui meu caminho para a casa do padre. Ao me aproximar, vi um jovem sair da propriedade com um envelope projetando-se para fora do bolso da capa de chuva. Seria ele também um mensageiro? Não podia acreditar em sua imprudência – o envelope estava claramente visível e poderia levantar suspeitas. Perguntei-me, tomada de ansiedade, se a polícia secreta estaria vigiando o prédio.

Decidi ficar em alerta máximo e – em vez de me dirigir direto para a casa – caminhar até o fim da rua antes de voltar devagar. Nunca se sabia que olhos poderiam estar vigiando você. Ainda estava receosa quando toquei a campainha. Entreguei meu envelope e parti para Leiden o mais rápido que pude. Suspeitar e ficar em estado de alerta tornou-se um modo de vida.

Em outra ocasião, estava a caminho de Haia com cupons de alimentação e dinheiro. Depois de procurar por um longo tempo, acabei encontrando o endereço ao qual deveria comparecer. Era uma casa holandesa comum, com terraço, janelas grandes, belas cortinas e vasos de flores no parapeito. Toquei a campainha e uma mulher simpática, acredito que fosse a dona, me deixou entrar.

Duas crianças pequenas – um menino e uma menina – entretinham-se com alguns brinquedos no chão da sala. Elas eram muito meigas e me perguntei quem seriam. Uma segunda mulher estava em uma cadeira, costurando – imaginei que fosse a mãe deles. Ela era loura e não parecia judia. Conversamos um pouco sobre o tempo e as notícias. Senti-me mal pelas crianças. Era um lindo dia de verão, mas elas não podiam sair. Claro, eu nunca poderia fazer perguntas, nem a mãe.

Muito mais tarde, depois da guerra, Bob ou Wim me disseram que a mulher era casada com um professor judeu. Ele teve de se esconder e, como temiam que os alemães levassem as crianças, toda a família precisou fazer o mesmo. É terrível ser forçado a desistir de sua vida normal e substituí-la por vigilância constante. Muitas vezes, perguntei-me sobre os efeitos de longo prazo que isso devia ter causado na vida deles.

Conheço muitos adultos – hoje na casa dos 80 – que eram crianças naquela época e se esconderam. Você pode pensar que eles não compreendiam o que estava acontecendo nem por quê, mas é surpreendente quanto eles sabiam. Essas experiências são bastante perturbadoras para uma infância normal, e algumas dessas crianças nunca se recuperaram. É algo que pode afetá-lo para o resto da vida.

Enquanto isso, não podia deixar de pensar em minha própria família. Mamãe e Clara ainda estavam escondidas e isso custava dinheiro; a mulher com quem estavam tinha de ser paga. Eu sabia durante todo aquele tempo que estavam em algum lugar em Eindhoven, mas só quando fui morar em Leiden e me envolvi na resistência é que Ann me deu o endereço. Ela costumava levar dinheiro para elas com regularidade. No começo, esse dinheiro era o que papai deixara com os Jongeneel, mas, quando acabou, a resistência assumiu os pagamentos. Quando entrei para o movimento, me pediram que levasse os cupons de racionamento e o dinheiro para lá, para que pudesse rever minha mãe e Clara.

A primeira vez que as visitei deve ter sido em fevereiro de 1943, cerca de quatro meses depois de terem se escondido. Foi maravilhoso voltarmos a nos reunir e falar com elas. Abraçamo-nos. Conversamos sobre o que estava acontecendo e revisitamos o passado. Não falamos sobre o futuro. Nas minhas visitas, dormia com mamãe na cama de casal, enquanto Clara dormia no mesmo quarto em uma cama de solteiro. Cada vez que nos despedíamos, nos beijávamos, nos abraçávamos e dizíamos: "Fique bem, tenha cuidado e até a próxima". Nunca sabíamos se haveria uma próxima vez. Tínhamos plena consciência de que ou elas ou eu poderíamos ser descobertas a qualquer momento. Continuei a visitá-las todo mês. No fim, a quarta vez acabou sendo a última.

A senhoria também acolheu um judeu idoso e deu-lhe o quarto do filho. O menino deve ter ido dormir com as duas irmãs e a mãe na cama de casal a partir de então. A mãe também recebia todas as noites a visita de um soldado alemão, que era seu amante. Isso me incomodou muito, e externei a Ann como estava preocupada. Será que ela não conseguiria encontrar outro lugar para mamãe e Clara?, perguntei.

Ann respondeu que era muito perigoso transferi-las. Impossível, até. A essa altura, a SS controlava estritamente a estação em Eindhoven e todas as rotas para fora da cidade. Em sua opinião, de fato era mais seguro se um soldado alemão aparecesse todas as noites – afinal, nunca ocorreria a ninguém fazer perguntas. Eu duvidava disso. Suspeitei de que uma das três crianças que dormiam na cama da mãe deixaria escapar alguma coisa um dia na escola – as crianças fazem piadas, dizem coisas sem perceber – e fiquei com medo de que mamãe e Clara fossem descobertas. Mas o que eu poderia fazer? Tive de aceitar essa situação.

Descobriu-se que meus temores eram justificados. No fim de junho de 1943, quando mamãe e Clara já estavam em Eindhoven havia cerca de nove meses, recebi um cartão-postal de Dientje: *Fem e Clara gravemente doentes. Venha até mim.* Sabia que era um código para dizer que algo ruim havia acontecido. Fiquei completamente fora de mim. Mien foi comigo ver Dientje em Amsterdã porque achou que eu não deveria ir sozinha. Quando chegamos, Dientje me entregou um cartão de mamãe no qual ela pedia uma escova e pasta de dentes. Fora enviado de Westerbork.

Era provável que o motivo do cartão fosse apenas para nos informar que elas haviam sido mandadas para lá. Fosse como fosse, fui ver Greet Brinkhuis, pois ela mantinha grandes mochilas com itens de emergência que tínhamos preparado. Levei pasta e escovas de dentes para Dientje e as enviamos para Westerbork. Angustiada com a notícia e desesperada de preocupação, voltei para Leiden. Estava perturbada e chorei a noite toda.

Essa foi a última vez que tive notícias de mamãe ou Clara. Mais tarde, soube que tinham sido colocadas de imediato em um trem para Sobibor e assassinadas na chegada. A data da morte delas foi registrada como 2 de julho de 1943. Minha mãe tinha 53 anos, e Clara, apenas 15.

Depois da guerra, voltei para a casa em Eindhoven onde elas haviam ficado para conversar com a mulher que as havia escondido. Ela tinha ficado presa por alguns meses em Vught como punição por acolher judeus. Disse que tinha certeza de que o marido, de quem ela era divorciada, havia entregado mamãe e Clara. Fora ele ou a amante com quem ele vivia, disse ela.

Quando cheguei a Vught, ela já havia sido liberada, o que foi uma sorte para mim. Caso contrário, teria me reconhecido e poderia ter entregado minha verdadeira identidade. Depois da guerra, meu irmão Louis foi à polícia em Eindhoven e deu a eles o nome do homem que suspeitávamos ter traído mamãe e Clara. Quando o interrogaram, ele negou ter qualquer coisa a ver com isso. Acredito ser mais provável que as crianças tenham deixado escapar alguma coisa – é muito fácil para uma criança dizer a coisa errada –, mas jamais saberemos.

Debulhei-me em lágrimas por muitas noites depois de saber da deportação de mamãe e Clara. A única maneira de lidar com minha dor era entrando de cabeça na resistência. Eles precisavam de pessoas que pudessem pensar de modo lógico, e essa pessoa era eu. Ofereci-me, então, para mais trabalhos. Naquela época, viajava com tanta frequência que eles encontraram para mim um quarto em Utrecht, que tinha uma localização central e tornaria as viagens mais fáceis. Saí da casa em Leiden.

Amsterdã havia se tornado muito perigosa para Bob, e ele também acabou em Utrecht, em um quarto não muito longe do meu. Eu recebia determinada quantia em dinheiro da resistência que, de modo geral, era entregue por Bob. Usava-a para pagar a minha senhoria e outras despesas – já não tinha nenhum dinheiro que fosse meu. Procurava viver da maneira mais frugal possível, sempre consciente de que a resistência precisava de muito dinheiro para todos os que se escondiam.

Um dia, em Utrecht, vi minha velha amiga de escola Mary Rudolphus andando pela rua com a mãe. Sua família havia se mudado para Bilthoven e fazia muito tempo que não nos víamos. Foi um momento maravilhoso: um encontro angustiante em circunstâncias difíceis entre duas pessoas que um dia haviam se conhecido com tanta profundidade. Nenhuma de nós jamais havia prestado atenção ao fato de eu ser judia, mas agora não podíamos sequer nos cumprimentar. Mary deve ter percebido isso. Caminhamos tão próximas uma da outra que nossos braços quase se tocaram. Sorri de leve, mas continuei andando como se fôssemos estranhas.

Nunca mais vi Mary ou seus pais. Depois da guerra, visitei Frans e Henny Gerritsen, que haviam se mudado de Haarlem para Bilthoven. Quando eu estava lá, liguei para a mãe de Mary. Ela me disse que Mary havia se casado e morava com o marido na Espanha. Nunca mais voltei para Bilthoven depois disso. Frans e Henny se separaram e voltaram a se mudar, então, não havia razão para retornar. Estava tão arrasada com a situação caótica na Holanda e com o que havia acontecido com a minha família que fiquei bastante perturbada para pensar nas coisas de maneira adequada e reatar nossa amizade. Hoje lamento profundamente não ter retomado o contato. Nos últimos anos, pensei em ir atrás deles, mas agora é provável que todos já tenham falecido.

Pouco depois de me mudar para Utrecht, todos os cidadãos holandeses foram obrigados a pegar novos cartões de distribuição para obter comida. Era o início de dezembro de 1943. Na resistência, todos tínhamos identidades falsas, mas agora o grupo TD – abreviação de *Tweede Distributiestamkaart*, ou segundo cartão de identificação de distribuição – tinha um novo plano. Queriam usar os dados de pessoas que haviam morrido na primeira infância para sabotar o uso do cartão de distribuição. Eu fui a cobaia e a primeira a receber a identidade de outra pessoa.

Daquele ponto em diante, eu era Margareta van der Kuit, ou "Marga". Aparentemente, nascida em 21 de outubro de 1920, em Soest. Recebi uma nova carteira de identidade e tive de tentar obter uma nova carteira de distribuição e carimbos para sapatos e roupas com ela. Foi uma tarefa estressante, mas tudo correu conforme o planejado. Não apenas tinha uma nova identidade, mas também sabíamos que o sistema funcionava para os outros. Com Bob, Jan e alguns outros intermediários – a maioria funcionários das prefeituras –, pudemos ajudar várias pessoas a obter novos cartões de distribuição dessa maneira.

Como Margareta van der Kuit, fui enviada para ainda mais lugares. Às vezes, meu trabalho na resistência me levava a Amsterdã e, se fosse tarde demais para voltar a Utrecht, eu ficava com Greet. Dormíamos juntas na cama *box* de seu quarto. Conversávamos e relembrávamos fatos por horas a fio, mas tive o cuidado de não contar muito a ela sobre minhas atividades. Não queria colocá-la – nem seus pais – em perigo. Greet era muito boa: ela sempre me chamava de Marga.

Um dia, Bob me pediu que fosse ao campo visitar um fazendeiro e sua esposa, que se mostraram preocupados com o estudante não judeu que escondiam. O menino era um dos muitos jovens não judeus que haviam optado por se esconder porque tinham se recusado a assinar o juramento de lealdade ao nacional-socialismo. Ele estava muito nervoso, e Bob achou que poderia se beneficiar de uma companhia feminina. Talvez fosse de alguma ajuda se eu fosse falar com ele. Poderia conciliar isso com a entrega do dinheiro e dos cupons de alimentos para o fazendeiro e a esposa.

Depois de andar perdida por horas, encontrei o rapaz no palheiro onde ele dormia. Não sei se isso o ajudou, mas conversamos bastante. Era provável que estivesse apenas muito solitário. As pessoas escondidas muitas vezes passavam semanas impossibilitadas de ter uma conversa real com alguém.

Durante nosso encontro, ele puxou um grande avental do feno com meia dúzia de pistolas escondidas nele. Ele queria me dar uma, uma pequena e elegante arma com madrepérola no cabo, mas eu não aceitei. Bob sempre insistiu que não devíamos andar por aí carregando armas – se os alemães as encontrassem, não hesitariam em atirar em nós.

Como Zetty agora estava se escondendo em Zeist, Wim me pediu que a visitasse e a informasse sobre como estava a filha. Evalientje tinha quase 2 anos a essa altura, já andava e falava. Zetty acabou ficando a uma distância de mim de apenas uma curta viagem de ônibus, então voltei a visitá-la com regularidade, levando dinheiro e cupons de alimentação para sua senhoria. Foi ótimo voltar a vê-la e poder conversar, mas infelizmente não tive mais tempo para estudar línguas e matemática com ela. Estava ocupada demais com o trabalho de mensageira, viajando por toda parte.

Para chegar onde Zetty estava hospedada, eu pegava um ônibus na esquina da Burgemeester Reigerslaan, onde eu morava. Um dia, estava chovendo forte e ventando, e me abriguei em uma varanda enquanto aguardava a condução. Vesti o capuz da minha capa de chuva, de modo que só se podia ver uma mecha do meu cabelo louro, por isso suspeito que não estivesse com a melhor das aparências. Do nada, um policial alemão apareceu ao meu lado e abriu seu grande guarda-chuva preto acima da minha cabeça.

– Está tão úmido – disse ele. – Você gostaria de me acompanhar e tomar uma xícara de chá comigo? Eu moro bem ali, na casa do outro lado da rua.

Fiquei surpresa e um pouco apreensiva, mas respondi de forma muito educada:

– Não, obrigada. Estou bem aqui.

Nesse exato momento, o ônibus chegou. O policial insistiu em segurar o guarda-chuva acima da minha cabeça até que eu estivesse dentro do ônibus. Estava desconfiada, mas sorri e lhe agradeci.

Na próxima vez que peguei a condução, ele estava lá de novo, e mais uma vez começou a falar comigo. Qual era o meu nome? Eu morava por ali? Gostaria de uma xícara de chá? Dessa vez, fiquei muito mais preocupada e respondi:

– Não, obrigada. Estou sem tempo.

Felizmente, o ônibus chegou para me salvar de mais questionamentos. Contei a Bob o que havia acontecido. Disse que não havia como continuar a ver Zetty – era muito perigoso pegar aquele ônibus caso o policial descobrisse onde eu morava e o que estava fazendo. Bob não conseguiu evitar o riso. Ele me disse que era provável que o policial apenas gostasse de mim e que deveríamos tirar vantagem disso.

– Dois dos nossos rapazes estão na prisão – explicou ele. – Eles serão fuzilados se não os salvarmos. Tente se apoderar de alguns dos documentos desse policial. Assim, poderemos usá-los para entrar na prisão e tirar os garotos de lá.

Hesitei a princípio. Era perigoso demais. No entanto, na vez seguinte que encontrei o policial no ponto de ônibus e ele me convidou para tomar uma xícara de chá, pensei naqueles rapazes na prisão, deixei de lado meus temores e aceitei sua oferta. De fato, ele morava em uma bela casa em frente ao ponto de ônibus. Contou-me que seu nome era Hans, que viera da Áustria e fora convocado para o exército alemão. Ele era solteiro e morava com a mãe lá na Áustria.

Nesse momento, um grupo de rapazes da Juventude Hitlerista passou cantando pela rua. Hans fechou as cortinas. Fez um comentário mordaz e mencionou que a residência lhe fora designada depois que uma pobre família judia fora expulsa dela. Fez uma cara como se se sentisse mal por isso, mas, não importava o que dissesse, não confiei nele. Poderia facilmente ser um estratagema para ganhar minha confiança. A suspeita tornou-se uma segunda natureza para mim.

Tomamos chá e conversamos sobre sua mãe na Áustria. Nada mais aconteceu, e não conseguia ver uma forma de poder colocar minhas mãos em seus documentos. Ele disse que gostava de conversar comigo e que eu era uma garota muito agradável. Ele devia ter pelo menos 40 anos, então, presumo que se considerasse sortudo por ter contato com uma mulher tão jovem. Perguntou se eu gostaria de voltar a tomar chá com ele algum dia, e, tendo em mente os garotos presos mencionados por Bob, falei que sim. Minha única esperança era conquistar sua confiança e esperar pelo momento certo.

Combinamos de nos ver de novo alguns dias depois e bati em sua porta por volta das quatro da tarde. Depois do chá, ele sugeriu que colocássemos um disco para dançar. Dançamos de valsas e foxtrotes a música romântica. Era tudo muito estranho, e eu ainda não tinha ideia de como obter os documentos.

Depois de um tempo, ele me puxou para o sofá e começou a me acariciar. Eu o deixei fazer aquelas coisas, enquanto tentava manter a cabeça fria e arquitetar um plano. Os botões e as medalhas de seu uniforme roçavam com força em mim. Ele então retirou a jaqueta e me perguntei quão longe ele pensava que aquilo iria. De repente, ele me perguntou se eu era virgem. Quando disse que sim, ele parou de imediato. Percebi que era um cavalheiro – gentil e respeitoso – e me senti mal por enganá-lo, mas os garotos na prisão eram minha prioridade.

Ele sugeriu tomarmos um drinque e foi até a cozinha. Vislumbrei ali minha chance e apressei-me em vasculhar sua jaqueta, meu coração pulsando forte. Encontrei um documento com um carimbo alemão e uma assinatura, e logo o enfiei na minha bolsa. Quando ele retornou, estava sentada no meu lugar, tentando parecer relaxada. Minhas mãos não tremeram. Minha respiração não se entrecortou. Conversei do modo mais natural possível, esperando que ele atribuísse qualquer traço de nervosismo à inexperiência de uma jovem. Assim que consegui dar uma desculpa, dizendo que não podia permanecer lá por mais tempo, fui embora.

No fim, senti pena de tê-lo enganado. Fiquei apavorada que ele percebesse o que eu havia feito, mas Bob me garantiu que, mesmo que o fizesse, não diria uma palavra a seus superiores. Afinal, isso o faria parecer um idiota e ele seria enviado para o *front* na Europa Oriental. Depois da guerra, descobri que ele de fato havia sido enviado para o leste, mas não sei se isso teve alguma coisa a ver com o documento perdido. Pode ter se passado um tempo antes que ele se desse conta de que tinha desaparecido, e ele pode ter pensado apenas que o havia perdido. No entanto, nos meses que se seguiram, tomei muito cuidado para não voltar a me aproximar de sua casa nem do ponto de ônibus.

Minha missão mais longa e perigosa foi ir para Paris. Já havia recebido tarefas que envolviam viagens ao sul da Holanda e cruzara a fronteira com a Bélgica. Eu saía na estação perto da fronteira, atravessava as fazendas até a Bélgica e ficava em uma casa de fazenda próxima, onde o fazendeiro e a esposa eram conhecidos pela resistência e ofereciam acomodações para pessoas escondidas.

Para alguém que tinha estado fora da Holanda apenas uma vez antes da guerra, em uma viagem escolar à Inglaterra, tornei-me uma viajante experiente com rapidez surpreendente, mas nunca tinha ido à França. Havia grupos de colaboradores da resistência holandesa lá, cujo trabalho incluía tentar abrir novas rotas de fuga para as fronteiras com a Espanha e a Suíça. Joachim Simon, ou Shushu, que mencionei antes, desempenhou um papel importante naquele local.

Vários judeus e não judeus foram transportados com sucesso pela fronteira, o que muitas vezes envolvia caminhar durante dias na França e subir os Pirineus. Alguns viajavam para Portugal, entre eles, várias pessoas do Grupo Westerweel-Palestina original, que continuaram com sucesso sua jornada para o que hoje é Israel.

Em abril de 1944, no entanto, alguns combatentes da resistência ligados ao Grupo Westerweel foram presos em Paris e mantidos na prisão de Fresnes em Val-de-Marne, ao sul dessa cidade. Lá, espiões britânicos e membros da resistência francesa foram detidos em condições indescritíveis e torturados. Se não conseguíssemos libertar nossos garotos, eles seriam assassinados.

Bob e Frans me convidaram para ir a Paris. Tinha de entregar um envelope a alguém que trabalhava no quartel-general alemão; ele me entregaria alguns documentos para que eu os trouxesse de volta. Não sabia como minha tarefa contribuiria para a tentativa de resgate, mas me disseram que era essencial. Uma coisa estava clara: tratava-se de uma missão bem perigosa. Já havia corrido muitos riscos, mas nunca fizera nada tão perigoso quanto entrar em um quartel-general alemão.

Bastante amedrontada, peguei o trem para o sul, cruzei a fronteira com a ajuda dos fazendeiros, viajei pela Bélgica e depois atravessei a fronteira para a França. Recebi um documento de identidade diferente para usar na França, se necessário, mas fiquei apavorada no trem e tentei evitar verificações na medida do possível.

Uma vez em Paris, não tinha ideia de como entraria no quartel-general alemão. Ao me aproximar do prédio, pude ouvir meu próprio coração batendo com força. Em retrospecto, parecia estar sendo imprudente, mas sabia que o que estava fazendo era crucial – e, embora estivesse com muito receio, tinha consciência de que simplesmente precisava fazer aquilo.

Sempre tive muita autoconfiança, mas acho que, àquela altura, já não me importava mais com o perigo. Claro que desejava estar em segurança, mas tanto já me fora tirado que não tinha muito mais a perder.

Minha estratégia era flertar com os soldados do lado de fora e na sala de espera. Embora eu falasse alemão, não queria entabular uma conversa e chamar atenção para mim. Só sorria e flertava em silêncio, usando meus olhos, como se estivesse interessada nos homens. Tentei passar a impressão de que me divertia muito com aquilo. Eles respondiam ao meu olhar e me lançavam olhares sugestivos, deixando claro que meu plano estava funcionando.

Na recepção, solicitei o meu contato informando simplesmente o seu nome, para falar o mínimo possível. Por sorte, ele veio rápido e trocamos os envelopes. Claro, ele também corria um grande risco. Voltei para fora o mais rápido que pude e sorri para os soldados no caminho.

Tudo correu surpreendentemente bem; eu esperava muito mais segurança e perguntas. Suponho que não tenha ocorrido aos alemães que uma jovem judia na resistência se atreveria a entrar em seu prédio, muito menos agindo como se estivesse atraída por eles. Até hoje não consigo acreditar que entrei e saí com tamanha facilidade.

Durante todo o trajeto de volta à Holanda, fui cuidadosa. Troquei de roupa no trem para o caso de ter levantado suspeita de alguém e uma descrição minha ter sido divulgada, e me dirigi ao endereço que me foi dado, onde poderia me esconder. O fazendeiro então me conduziu através da fronteira para a

Bélgica. Primeiro, caminhei por vários quilômetros, depois peguei o bonde até onde ele ia e em seguida o ônibus. Passei a noite com outro fazendeiro, perto da fronteira com Brabant, e no dia seguinte ele me levou através da fronteira para a Holanda. Depois de mais uma viagem de ônibus, peguei o trem para Roosendaal, mudei de trem e, após dois longos dias de viagem, retornei a Utrecht.

Entreguei o envelope a Bob com uma completa sensação de alívio. Fiquei tão assustada durante a missão que comecei a sentir uma forte dor de estômago. Na época, não fazia ideia do efeito que minhas ações causaram, nem se tinham mesmo chegado a provocar algum efeito, mas depois da guerra soube que os garotos que haviam sido presos tinham sobrevivido. Sendo assim, minha provação valeu a pena.

6

Gavetas Secretas:
Minha Prisão

Para realizarmos o trabalho na resistência, precisávamos das ferramentas de um agente secreto: *kits* de impressão digital, equipamentos para anexar fotos a carteiras de identidade, almofadas para carimbo, cartões de racionamento e assim por diante. Eu guardava esses apetrechos em uma valise embaixo da minha cama no meu quarto em Utrecht, o que era algo arriscado de se fazer.

Frans Gerritsen, o homem que era muito talentoso em desenho, prometeu confeccionar para mim algumas prateleiras com gavetas ocultas, de modo que eu tivesse um lugar mais seguro para guardar tais itens. Já estava esperando por elas havia seis meses, mas Frans andava muito ocupado, salvando pessoas de prisões, hospitais e Westerbork.

Por fim, em 18 de junho de 1944, não muito depois de meu vigésimo segundo aniversário, Jan telefonou para dizer que estava com as prateleiras. Ele as apanhara com Frans em Haarlem e queria me mostrar como funcionavam. Ele me disse que as levaria para a residência de Bob em Utrecht porque ficava mais perto da estação do que a minha. Quando pensei sobre isso mais tarde, questionei a lógica implícita em seu raciocínio – de qualquer forma, as prateleiras teriam de ser levadas para minha casa para que pudessem ser fixadas na parede. Mas isso não passou pela minha cabeça na hora e fui para a casa de Bob sem hesitar. Jan me mostrou algumas vezes como abrir as gavetas ocultas.

A senhoria havia posto a mesa para o almoço, então presumimos que Bob estaria em casa a qualquer momento. Tinha acabado de comentar "Bob ainda não voltou", quando ouvimos a porta da frente se abrir.

– Falando nele... – eu disse.

Abri a porta de seu apartamento, olhei para a escadaria abaixo e, para meu horror, vi Bob lá embaixo, parado entre dois policiais da *Grüne Polizei*. Na Alemanha, cada vez mais desses policiais regulares eram recrutados para o regime nazista. Receberam esse nome por causa dos uniformes verdes que usavam. No fim das contas, eram os responsáveis por manter as leis nazistas.

Eles estavam procurando por Bob havia um tempo, quando o viram no trem e o prenderam. Bob não esperava que estivéssemos em sua casa e empalideceu de choque ao nos ver. Nós três ficamos paralisados por um momento, antes que eu corresse escada acima em uma tentativa de fuga. Mas não havia saída.

Os oficiais da *Grüne Polizei* vieram atrás de mim e me arrastaram escada abaixo. Começaram a nos interrogar: quem éramos e o que fazíamos lá? Vasculharam a sala, abriram todos os armários e gavetas. Em um dos armários, escondida atrás de algumas roupas, eles encontraram uma arma. Senti o sangue sumir do meu rosto. Bob sempre nos proibiu de carregar armas de fogo: se os alemães as encontrassem, executariam você na hora. Além do mais, nosso grupo declarara que lutávamos pacificamente, sem armas. Talvez isso fosse ingenuidade, mas não queríamos agir do mesmo modo que nossos opressores. Era importante resistir de formas que não dependessem da violência.

Fiquei apavorada, e com razão. Disse que era apenas uma amiga, o que Bob e Jan confirmaram – havíamos combinado essa estratégia de antemão para esse tipo de eventualidade. Não tivemos a chance de conversar mais e não nos era permitido sequer olharmos um para o outro. Arrastaram-nos para a rua e nos levaram para a prisão em Utrecht em carros separados.

Os dois oficiais da *Grüne Polizei* no carro comigo eram muito grandes. Fiquei imprensada entre eles e mal conseguia respirar. Era extremamente desconfortável. Não tinha ideia de para onde estávamos indo, e o desconhecido é sempre assustador. No entanto, estava mentalmente preparada para isso; todos sabíamos que corríamos riscos e que poderíamos ser presos a qualquer momento. Como já havia considerado a possibilidade de isso acontecer, consegui me concentrar em me manter fiel à minha história e me fazer de inocente.

Quando chegamos à prisão de Utrecht, ordenaram que eu tomasse banho. Todos os prisioneiros tinham de fazê-lo ao chegarem – para nos manter limpos, mas também para verificar se não estávamos escondendo nada em nosso corpo. Uma guarda amistosa, uma mulher mais velha, na casa dos 40 ou 50 anos, supervisionou-me. Ela perguntou se eu tinha um diário comigo e, quando eu disse que sim, ela me disse para descartá-lo na privada. Eu lhe disse que não havia nada de importante nele, mas ela disse que sempre encontravam alguma coisa, então, rasguei-o em pequenos pedaços e o joguei na privada, acionando a descarga.

Nossos caminhos voltaram a se cruzar em Ravensbrück, onde ela estava presa, assim como eu. Estava lá porque ela e seu irmão tinham ajudado alguém a escapar da prisão. Obviamente, ela era uma mulher corajosa que havia assumido grandes riscos. Ao contrário de algumas pessoas que acolheram judeus em sua casa, esta senhora não foi paga por seus esforços; ela agira por um desejo genuíno de proteger as pessoas das atrocidades que testemunhara ao seu redor. Lamento dizer que ela foi assassinada em Ravensbrück.

Havia uma grande sala comunitária na prisão, que continha três celas com barras de ferro. Depois de tomar banho, recebi algumas roupas e fui levada para a sala comunitária. Havia duas outras moças lá. A mais jovem tinha olheiras e seus cabelos escuros estavam desgrenhados. A outra, que parecia beirar os 30 anos, estava sentada calmamente à mesa, tricotando. Quando ela foi ao banheiro, a garota mais nova sussurrou para mim que a outra moça era uma informante que estava lá para nos deixar à vontade e fazer com que nos abríssemos para que falássemos sobre o que havíamos feito. Então, falei:

– Não fiz nada. Sou apenas uma amiga dos garotos que eles prenderam.

Ative-me a essa história o tempo todo, não importando com quem falasse. Não ousei confiar nem mesmo nessa garota jovem e enfermiça, embora fosse provável que era totalmente inocente. Os nazistas lhe prometiam tudo se você traísse outras pessoas, e pessoas desesperadas podem ser tentadas a fazer quase qualquer coisa se a vida delas depender disso.

Poucas horas depois, a moça foi levada para se despedir de dois amigos que haviam sido presos com ela. Estavam prestes a ser executados. Um deles era seu namorado. A pobre garota parecia devastada quando retornou. Ela chorou por horas a fio. Tentei consolá-la, mas que consolo há quando você acabou de saber que pessoas que você ama estão prestes a ser assassinadas e percebe que as viu pela última vez?

Ela também havia sido condenada à morte naquele julgamento. No entanto, voltei a encontrá-la na Suécia depois da guerra; devem ter decidido deixá-la viver. Ela foi mantida como prisioneira da *Nacht und Nebel* [Noite e Neblina] em várias prisões na Alemanha antes de ser libertada e enviada para a Suécia.

Hitler havia introduzido a ordem *Nacht und Nebel* para ativistas políticos e combatentes da resistência dos países ocupados em 7 de dezembro de 1941. A ideia implícita em tal diretiva era para que essas pessoas desaparecessem sem deixar vestígios. Se morressem, não era feito nenhum registro do local de sepultamento, a fim de intimidar a população local e impedi-la de trabalhar contra os nazistas.

Até hoje, não sabemos quantas pessoas desapareceram dessa maneira. Depois da guerra, muitas famílias não foram capazes de descobrir o que havia acontecido com seus entes queridos. Eu me pergunto quanto tempo passaram esperando que aparecessem. Quase nenhum prisioneiro da *Nacht und Nebel* sobreviveu à guerra. E aqueles que sobreviveram foram tratados com o máximo de brutalidade durante o tempo de sua prisão.

Depois de passar uma noite trancafiada sozinha em uma das três celas, minhas roupas foram devolvidas a mim e fui levada para Amsterdã em um pequeno carro com os dois corpulentos oficiais da *Grüne Polizei*. Mais uma vez, fiquei espremida entre eles. Dessa vez, a experiência foi ainda pior, porque paramos em um açougue no caminho, onde um dos homens comprou duas enormes salsichas alemãs. Eles as devoravam enquanto eu ficava cada vez mais esmagada entre os dois. O cheiro das salsichas entrava pelas minhas narinas e podia ouvi-los mastigando. Senti-me nauseada e com receio de vomitar, mas não deixei transparecer. Respirei pela boca em vez do nariz e tentei parecer calma.

Logo chegamos à grande escola secundária em Euterpestraat, da qual o *Sicherheitsdienst* havia se apropriado. Usavam o prédio como sede e era onde interrogavam e torturavam pessoas. Por causa de suas conexões horripilantes, a rua foi rebatizada de Gerrit van der Veenstraat após a libertação, em homenagem ao herói da resistência Gerrit van der Veen. Na época, eu não poderia ter imaginado nada disso.

Saímos do carro e nos encontramos na base de uma escadaria alta de pedra. No topo, estava um homem de testa ampla e olhos escuros e fundos, trajando uniforme e botas. Eu ouvira falar do que acontecia às pessoas que eram presas, então fiquei com muito medo.

– O que temos aqui? – perguntou ele.

– Oh, a garota não tem nada a ver com isso – respondeu o alemão que me acompanhava.

Imediatamente senti uma onda de alívio. Mas o homem disse:

– Duvido muito.

Congelei. Até então, sempre afirmara que era apenas uma amiga e não sabia o que os outros estavam fazendo, e tive a impressão de que os dois oficiais da *Grüne Polizei* acreditaram em mim. Ainda assim, sorri e continuei sorrindo. Se eu soubesse que era Willy Lages, o chefe do *Sicherheitsdienst*, quem olhava para mim do topo da escadaria, não sei se teria conseguido manter o sorriso no rosto. Só o reconheci mais tarde, pelas fotos dele no jornal.

Uma vez dentro do prédio, disseram-me para sentar em uma poltrona. Eu carregava comigo uma bolsa de crochê que fizera com corda de pesca. Tricotei bolsas semelhantes para aniversários de amigas ou como presente no Dia de São Nicolau. Não se conseguia coisa alguma nas lojas, por isso confeccionávamos os próprios presentes com qualquer material que pudéssemos encontrar. Um oficial levou a bolsa e meus documentos para verificá-los e eu fiquei paralisada de medo. Achei que meu momento final havia chegado! Uma coisa era um soldado ou oficial da SS verificar meus documentos no trem ou na plataforma, mas uma verificação oficial na sede do *Sicherheitsdienst*, onde provavelmente tinham métodos mais avançados, era outra bem diferente.

A familiar dor de estômago se manifestou, mas continuei sorrindo, apesar de tudo. Fingindo interesse, olhei para as garotas uniformizadas sentadas atrás das mesas e para os soldados e oficiais da SS que entravam e saíam. Espiei em volta como se não tivesse nenhuma preocupação no mundo e nada a esconder.

A essa altura, eu já estava acostumada a assumir diferentes papéis. Desde que me juntara à resistência, tinha enterrado meu verdadeiro eu. Vinha negando conscientemente minha essência – minha "Selma" – o tempo todo. Não ousei pensar em nada relacionado à minha identidade original, para o caso de falar durante o sono e deixar cair minha máscara pública de Margareta van der Kuit. Não podia me dar ao luxo de relaxar. Tinha de ficar alerta o tempo todo para que pudesse responder se me chamassem pelo nome que eu adotara, e para que eu nunca respondesse "Selma" por acidente quando me perguntassem quem eu era. O oficial enfim voltou e me devolveu minha bolsa; minha documentação parecia estar em ordem. Felizmente, o trabalho da resistência estava à altura das circunstâncias.

Em 20 de junho, dois dias após minha detenção, outro carro me transportou até a grande prisão em Amstelveenseweg, onde todos os judeus e prisioneiros políticos eram mantidos enquanto aguardavam sua deportação. Eles me jogaram em uma cela com outras seis mulheres. Estava absolutamente exausta, mas não ousei dormir para não falar durante o sono. Fiquei deixando a cabeça pender e me sobressaltando ao voltar a acordar, ou andando de um lado para o outro na cela, em uma tentativa de vencer o cansaço. Conversei um pouco com uma de minhas companheiras de cela durante a noite. Descrevemos, em termos gerais, por que estávamos lá, mas sempre era cuidadosa com o que dizia e me atinha ao meu disfarce.

As instalações eram bastante rudimentares, mas pelo menos a cela não estava suja nem cheirava mal. Na verdade, as prisioneiras recebiam um balde com água, sabão e um pedaço de pano, e esperavam que limpássemos o local todos os dias. Em um canto, havia um segundo balde que servia de banheiro, o qual tínhamos de depositar do lado de fora todas as manhãs. Depois, deixavam-nos respirar um pouco de ar fresco no pátio, no centro da prisão; cada cela possuía uma pequena área própria pela qual você podia entrar. Eu nunca tinha estado em uma prisão antes e as fileiras de celas no primeiro andar pareciam intimidantes. As outras prisioneiras e eu não tínhamos permissão para conversar, mas o fazíamos mesmo assim, é claro. Estávamos sempre ultrapassando os limites. Eles nos diziam para parar de conversar, e obedecíamos. Por um tempo.

Os prisioneiros do sexo masculino eram mantidos um andar abaixo de nós e, a certa altura, aprendi a bater nos canos e ouvir suas mensagens transmitidas em resposta. Não estava particularmente familiarizada com o código Morse, mas algumas pessoas se comunicavam de forma muito eficaz com ele. Se você pressionasse o ouvido contra os canos, também conseguia captar alguns sussurros, distinguir algumas palavras e ir preenchendo as lacunas.

A cela oposta à nossa tinha uma estrela de Davi amarela na porta. Não havia dúvida de que era onde as mulheres judias estavam detidas. Senti uma pena profunda delas, mas ao mesmo tempo sentia-me ansiosa. Estava morrendo de medo de que minha identidade judaica fosse descoberta. Quase não ousava olhar para aquela porta. Na primeira manhã, após colocar o balde para fora, fui levada para outra cela. Então, os interrogatórios começaram. Um oficial alemão da SS, o interrogador, estava sentado atrás de uma pequena mesa em uma sala minúscula. Havia um homem atrás dele e outro atrás de mim. As condições tinham o objetivo de me intimidar. O interrogador perguntou se eu entendia alemão. "Não", eu disse. Eu poderia falar muito bem, mas negar era um ato de resistência. Tudo o que era alemão estava amaldiçoado.

Um holandês foi chamado para fazer as perguntas na presença do oficial alemão, e ele começou perguntando o meu nome.

– Margareta van der Kuit – respondi.

Em seguida, ele perguntou sobre os garotos e o que estávamos tramando. Eu disse que era apenas uma amiga e não sabia de nada. Ele perguntou sobre meus pais e respondi que eles tinham morrido em um acidente de trem antes da guerra, enquanto estavam de férias na Inglaterra. Planejara essa história com antecedência. Tentei manter tudo o mais simples e convincente possível, para que pudesse me lembrar do que havia dito. Esperava não me desviar muito disso caso falasse enquanto dormia.

Contei-lhes também que meus irmãos estavam na Inglaterra, o que era verdade no caso de David, pelo menos até onde sabia, e parecia sensato dizer a verdade sempre que possível. Mas não revelei que Louis havia partido com a marinha mercante quando a guerra estourou, ou que David tinha sido destacado para a Inglaterra. Depois de muitas perguntas, fui mandada de volta para a minha cela.

Havia apenas uma cama em nossa cela, embora fôssemos sete. Uma das mulheres, a esposa de um fazendeiro, era muito egoísta e ocupava a cama o tempo todo. Detiveram-na porque a SS estava procurando por seu filho. Às vezes, parentes eram presos para atrair outra pessoa. O marido dela não fora preso porque era fazendeiro e seu trabalho era indispensável. Ele trazia pacotes de comida para ela da fazenda, mas, embora as prisioneiras quase não tivessem nada para comer e o pouco que recebíamos fosse péssimo, ela nunca compartilhava nada conosco.

Uma outra garota, uma enfermeira mais ou menos da minha idade, havia sido presa por se recusar a cuidar de um soldado alemão. Cantávamos canções folclóricas holandesas juntas e realizávamos exercícios de ginástica para nos mantermos em forma. A esposa do fazendeiro, de seu lugar na cama, reclamava de nossas atividades. Ela nos dizia para parar, mas a ignorávamos e continuávamos cantando músicas e marchando para lá e para cá a fim de tentar manter nosso ânimo.

A cela tinha apenas alguns metros entre as paredes opostas e marchávamos de um lado para o outro dezenas de vezes, contando. Hoje percebo que isso deve ter sido incrivelmente irritante para as outras mulheres, porque havia tão pouco espaço, mas éramos jovens e cheias de energia, e não nos preocupamos com isso na época. Quando a enfermeira foi liberada mais tarde, ela encontrou Greet e disse a ela que eu, Marga, estava na prisão em Amstelveenseweg.

Fazíamos o cabelo uma da outra para ficarmos com a melhor aparência possível. Uma vez, a jovem enfermeira estava penteando meus cabelos, que já tinha raízes visíveis.

– Você tem cachos lindos – comentou ela. – Assim como o cabelo dos judeus.

Fiquei bastante inquieta, mas consegui rir e disse:

– Não seja ridícula!

Um dia, a guarda levou a mim e a enfermeira à sua sala para remendar meias e uniformes. Estávamos com medo de que algo acontecesse conosco, mas ela começou a conversar. Disse que havia nos tirado da cela para que pudéssemos respirar um pouco mais, ter mais liberdade de movimento e um pouco de variação. Ficamos gratas porque as outras mulheres começaram a nos irritar com seus intermináveis gemidos; era provável que estivessem igualmente felizes por se livrar de nós por algumas horas. Certificamo-nos de não falar muito, no entanto, porque a guarda parecia fazer muitas perguntas sobre nossa vida. Nunca se sabia em quem se podia confiar, lembramos uma à outra.

Fui interrogada todos os dias durante uma semana, mas não fui tratada de maneira rude ou com brutalidade. Uma vez, o interrogador perguntou por que eu tinha tingido meu cabelo de louro, indicando minhas raízes escuras óbvias.

– O que mais uma garota tem para fazer? – respondi. – Não se pode comprar roupas ou sapatos. A única coisa que dá para fazer é arrumar o cabelo.

Ele aceitou isso e deixou passar. Em outra ocasião, ofereceu-me um cigarro e estremeci ao reconhecer o maço da valise sob a minha cama. Eu sabia que era o mesmo pacote porque havia escrito a data nele, do jeito que meu pai sempre fazia com as compras. Claro que todas as ferramentas e materiais da resistência também estavam guardados na mesma valise. O interrogador disse que Hitler não assassinava mulheres, então seria melhor eu contar a ele a verdade. Qual era o meu trabalho? O que eu fizera?

Continuei dizendo que era apenas uma amiga de Peter e Jan. Não sei como me safei, considerando o conteúdo da valise, mas ele acreditou em mim. Talvez tenha pensado que a valise fosse de Bob ou Jan e estivesse escondida lá sem meu conhecimento. Tive de ficar alerta para ter certeza de continuar me referindo a Bob pelo nome da resistência, Peter, durante os interrogatórios. Não poderia me dar ao luxo de bater com a língua nos dentes.

No fim, fui condenada a *Kriegsdauer* – encarceramento durante o tempo que a guerra perdurasse. Foi um alívio; estava começando a perceber que talvez fosse mais seguro para mim dentro da prisão do que fora dela. Pelo menos eu sabia o que esperar de lá e não poderia ser presa com meus documentos falsos. Além do mais, não fui classificada como uma prisioneira de *Nacht und Nebel*. Isso teria sido muito mais perigoso. Os alemães estavam mais interessados em Bob e Jan do que em mim. Mais tarde, descobri que os dois homens foram brutalmente maltratados durante o interrogatório deles.

Cerca de dez anos atrás, fui ao Instituto NIOD de Estudos sobre a Guerra, Holocausto e Genocídio em Amsterdã, onde os arquivos oficiais são mantidos. Queria saber a data exata de minha prisão e descobri que foi em 18 de junho de 1944. O funcionário me trouxe todos os arquivos que mencionavam meu nome – uma pilha enorme – e li sobre o que havia acontecido com Bob e Jan. Coisas que eu não sabia antes.

A SS havia encontrado o diário de Bob, por exemplo. Ele sempre foi muito organizado e escreveu nele a data de um próximo encontro em Limburg com os líderes da resistência. Foi um descuido devastador, mas é fácil dizer agora. Bob estava absolutamente sobrecarregado, porque tão poucas pessoas estavam envolvidas na resistência, e o estresse e os longos dias o fizeram adoecer. Ele interrompeu por completo o trabalho relacionado à resistência por algumas semanas, mas não foi o suficiente para se recuperar. Estava tão exausto que levaria muito mais tempo do que isso para retornar ao seu estado normal.

Quando foi interrogado, recusou-se, apesar de espancado, a dizer onde a reunião seria realizada – até que uma mulher judia e seus dois filhos pequenos foram trazidos. Os interrogadores seguraram os braços de uma das crianças e ameaçaram quebrá-los se Bob não lhes dissesse o local da reunião e os levasse para lá. Bob manteve a boca fechada, mas a mãe, aterrorizada, começou a gritar; ela se agarrou a Bob e implorou-lhe que dissesse a verdade.

O interrogador também disse que Jan e eu seríamos executados se Bob não fornecesse as informações. Eu já tinha ouvido antes a história sobre os braços da criança, mas, até ter lido nos arquivos, nunca soubera que haviam ameaçado me matar. No fim, Bob entregou a eles a informação. Mais tarde, disse que não teve escolha.

Tendo revelado o local da reunião, Bob recebeu ordens do oficial da SS para comparecer lá na data combinada. Ele esperava ser capaz de escapar ou conduzir o oficial da SS na direção errada, mas o oficial da SS que o acompanhava estava à paisana. Era impossível. Reiteraram que Jan e eu seríamos executados se ele não seguisse o caminho certo. Então, Bob dirigiu-se ao convento em Weert, onde onze combatentes da resistência, sobretudo líderes de grupos no sul da Holanda, e um padre, estavam reunidos.

A SS prendeu quase todos os que estavam lá. Quatro pessoas escaparam. Os homens detidos foram todos enviados para campos de concentração; apenas um deles sobreviveu. Bob foi libertado porque ajudara os alemães. Não soube de nada disso na época porque estava na prisão, mas, quando fui enviada para Vught, Ada van den Bosch, que mais tarde casou-se com Wim Storm, contou-me o que havia acontecido.

Ada já havia estado em Vught antes, contudo conseguira escapar e estava livre quando tudo isso aconteceu com Bob. Ela foi presa pela segunda vez e enviada de novo para Vught, onde foi jogada na solitária do *bunker*. Tinha acabado de ser solta do *bunker* quando cheguei ao campo. Ao me contar que os alemaes haviam libertado Bob, ela arqueara as sobrancelhas. Os alemães só libertavam pessoas que os haviam servido como traidores; seu gesto sugeria que talvez esse também fosse o caso de Bob. Não podia acreditar que Bob, que havia trabalhado pela resistência com tanta coragem e determinação, faria uma coisa dessas. Disse que não podia ser verdade, e Ada não insistiu mais no assunto.

No entanto, tudo isso só viria a acontecer em um futuro próximo. Por enquanto, eu continuava em Amsterdã, levando a vida de uma prisioneira.

ז

Macacões Azuis:
Campo Vught

Meu tempo na prisão de Amsterdã chegou ao fim em 26 de julho de 1944. Fui levada para fora com várias outras prisioneiras e fomos conduzidas a um bonde pelas polícias alemã e holandesa. Os transeuntes olhavam para a procissão de mulheres como se fôssemos um grupo de excursionistas. O bonde nos levou até a estação e de lá pegamos um trem comum. Não tínhamos ideia de para onde estávamos sendo enviadas.

As mulheres que nos recepcionaram no fim da viagem eram todas presas políticas e nos informaram que havíamos chegado ao campo de concentração holandês em Vught. Não me importei muito – eles me consideraram Margareta van der Kuit e, depois dos interrogatórios que tive de suportar na prisão, tive certeza de que seria mais seguro ali.

Acabou que eu já conhecia algumas pessoas no campo. Wil Westerweel estava lá, e Thea Boissevain, que vim a conhecer porque seu irmão mais novo havia sido executado enquanto trabalhava para a resistência. Ele tinha apenas 17 anos. Ada van den Bosch também estava lá. Fora mandada de volta depois de sua tentativa de fuga, então, juntas, formávamos nosso próprio pequeno grupo. Os combatentes da resistência costumavam se encontrar nos campos. Laços estreitos de amizade eram absolutamente essenciais para sobreviver. Era preciso ter por perto pessoas que se preocupassem com você e que o ajudassem se você se metesse em encrenca.

Assim que chegamos, fomos obrigadas a tomar banho. Nossas roupas, bolsas e outros pertences foram tirados de nós, depositados em um saco e levados para um grande barracão para armazenamento. Até então, eu havia conseguido manter em minha posse a caneta-tinteiro Waterman do meu pai, mas ela também foi parar no saco, com o cardigã azul que mamãe havia tricotado para minha viagem escolar à Inglaterra alguns anos antes.

Depois disso, um médico nos examinou. Recebemos um macacão azul com botões nas costas que podiam ser abertos para nos permitir ir ao banheiro, um lenço de cabeça azul com círculos brancos e um par de tamancos. Devíamos amarrar o lenço sob o queixo, como a esposa de um fazendeiro, mas depois desenvolvemos um jeito mais elegante de usá-lo, prendendo-o atrás da cabeça. Isso não era permitido, é claro, mas o fazíamos mesmo assim.

Em seguida, fomos levadas para um barracão com vários beliches, onde recebemos um cobertor e pudemos descansar um pouco. Duzentas e cinquenta mulheres estavam alojadas nessa grande estrutura semelhante a um celeiro. Cada beliche era composto de duas camas, e havia o bastante para todas – poderíamos dormir sozinhas. Havia muitas janelas através das quais olharmos. Não havia vidros nelas; podíamos colocar nossa cabeça para fora – não era como uma prisão.

No dia seguinte, tivemos que fazer fila para a chamada de contagem. Depois disso, fomos postas para trabalhar. Deram-me um balde, uma escova, um esfregão e um pano, e recebi ordem de limpar a creche. Todas as crianças que tinham vindo para o campo com os pais frequentavam a creche – até mesmo as judias. Mesmo aquelas que mais tarde foram enviadas para a morte. Quando cheguei lá, fiquei surpresa ao encontrar homens pintando personagens de contos de fadas nas paredes, e o fato de a prisioneira que também era professora da creche estar flertando abertamente com eles. Não havia um guarda à vista. Não era assim que eu esperava que fosse um campo. Era como os alemães administravam tudo – eles tornavam as coisas o mais normais possível para que não houvesse rebeliões.

Depois de alguns dias em Vught, fui mandada para uma fábrica de máscaras de gás em Den Bosch, não muito longe do campo. Lá também dormíamos em barracões e, mais uma vez, cada uma tinha a própria cama. Era um luxo em comparação com o que estava por vir, mas eu não sabia disso naquele momento. Tínhamos de confeccionar máscaras de gás para os alemães e a maioria de nós trabalhava na linha de montagem, cada garota adicionando uma peça à máscara. Um oficial da SS nos supervisionava.

Depois de estar trabalhando lá por alguns dias, a garota à minha frente, Hetty Voûte, advertiu-me de que eu não devia apertar demais os parafusos, se é que eu entendia o que ela queria dizer – apresentável e um pouco mais frouxo era a maneira certa de fazê-lo. A garota no fim da linha cujo trabalho era verificar todas as máscaras e acondicioná-las em uma caixa de madeira fazia vista grossa. Ela também fazia parte da conspiração. Dessa forma, sabotamos o máximo de máscaras que pudemos. Milhares, é bem provável.

Nos dormitórios, havia cinco toaletes com descarga adequada. Eram todos muito próximos, no entanto, e não havia cortinas ou divisórias entre eles, de modo que não dispúnhamos de privacidade. Só podíamos ir ao banheiro em determinados horários e havia sempre uma longa fila. Um dia, enquanto aguardava, a garota na minha frente deu a descarga e a caixa-d'água desabou. Pulei para a frente de forma automática para apanhá-la, quebrando meu polegar no processo. Sangrou profusamente.

Uma das prisioneiras que se formara como enfermeira arranjou um pequeno pedaço de madeira e algumas tiras de tecido. Ela fez uma tala para meu polegar, enfaixou minha mão e apoiou meu braço em uma tipoia. Não poderia trabalhar na linha de montagem com aquele machucado; fui dispensada por uma semana.

O tempo estava maravilhoso, então, passei a semana tomando banho de sol. Olhando para trás, sob a perspectiva de minhas experiências posteriores em Ravensbrück, mal posso acreditar que aquilo foi permitido. A vida nesse campo não era tão ruim. Enquanto tomava banho de sol, duas testemunhas de Jeová – que tinham objeção de consciência aos nazistas porque acreditavam que Hitler era o Anticristo – aproximaram-se de mim e tentaram me converter. Eu não estava nem um pouco interessada. Só queria aproveitar o sol.

Uma semana depois, tive de voltar para a fábrica. Ainda não conseguia trabalhar na linha de montagem com o polegar enfaixado, mas fui encarregada de verificar as máscaras finalizadas e colocá-las nas caixas de madeira. A essa altura, eu sabia que as mulheres não faziam seu trabalho direito, e apenas dava uma olhada rápida nas máscaras e as embalava.

Não estávamos particularmente preocupadas com o que estávamos fazendo. Não sabíamos quais poderiam ser as consequências de nossas ações. Claro, todas nós corríamos um grande risco ali. Uma mulher chamada Friedl Burda foi deportada para Ravensbrück naquele mesmo ano, 1944, depois de passar sete meses na prisão por sabotar armas produzidas na fábrica Reichert, que a princípio produzia instrumentos oftalmológicos. Diz ela no *Guia do Museu Memorial Ravensbrück*:

> Com medo? É claro que sabíamos muito bem que estávamos colocando nossa vida em risco. Mas valeu a pena. Disse a mim mesma: "É melhor dar minha vida por uma boa causa do que por uma causa maligna". Posso realmente dizer que tornei a guerra um pouco mais breve. Acho que todos nós sentimos o mesmo quanto a isso. Tivemos de fazer nossa pequena parte para lutar contra essas atrocidades.

Um dia, uma jovem chegou ao campo acompanhada por uma *Aufseherin* – uma guarda alemã. Ela nos contou que seu tio era Karl Koch, que havia sido nomeado comandante de Buchenwald em 1937. Em 1941, Koch foi realocado para o campo de concentração de Majdanek, na Polônia, devido a uma investigação de acusações de corrupção, fraude, embriaguez, violência sexual e assassinato. Ele chegara a mandar matar um médico e um atendente de hospital depois de tratarem-no de sífilis, com medo de que seu segredo fosse revelado.

Koch comandou o campo de Majdanek por apenas um ano; depois que um grupo de prisioneiros de guerra soviéticos escapou em agosto de 1942, ele foi acusado de negligência criminosa e transferido para Berlim. Sua esposa, Ilse, mais tarde conhecida como "a Bruxa de Buchenwald", ficou em Buchenwald. Após a guerra, ela foi condenada à prisão perpétua por abuso e assassinato de prisioneiros alemães. Uma semana antes da chegada dos americanos em 1945, Karl Koch foi executado por desonrar a SS.

Enfim, a sobrinha de Koch estava noiva de um judeu e ela o ajudara a se esconder. Como punição, fora obrigada a visitar todos os campos para testemunhar o que acontecia às pessoas que ajudavam os judeus a se esconderem – e naquele dia ela visitava Vught. Recusou-se a entrar em detalhes sobre o que ela tinha visto. Talvez fosse melhor assim.

Sabíamos que havia alguns outros campos de trabalho. No devido tempo, alguns prisioneiros de Vught eram enviados para um campo diferente, outro que não Ravensbrück. Na época, pensávamos que havia alguns poucos campos de trabalho desses. Na verdade, eram milhares. Ouvíamos boatos, mas não acreditávamos neles. Os boatos muitas vezes eram equivocados.

Porém não havia rumor algum sobre campos de extermínio – não fazíamos ideia a respeito dos campos de extermínio.

No dia seguinte, a sobrinha de Koch partiu com sua *Aufseherin*. Embora fosse reconfortante saber que havia pelo menos um alemão parente de um oficial de alto escalão que repudiava o ponto de vista nazista, era desconcertante perceber que mesmo os familiares dos nazistas não podiam escapar da punição do regime.

Nossa jornada de trabalho na fábrica de máscaras de gás começava às seis da manhã. Tínhamos permissão para usar o banheiro ao meio-dia. Havia apenas um banheiro em toda a fábrica, então passávamos muito tempo formando fila. Depois disso, tínhamos de retornar ao trabalho até as seis da tarde. Só nos era autorizado usar de novo o banheiro no fim do dia.

Certa noite, quando fazíamos fila, três prisioneiras me disseram que planejavam fugir e perguntaram se eu queria me juntar a elas. A verdade é que me sentia mais segura no campo do que fora dele, por isso recusei a oferta. Estava morrendo de medo de ser apanhada de novo e que descobrissem quem eu era de verdade. Então, em vez disso, as prisioneiras solicitaram minha ajuda. O plano delas era fugir pela janela do banheiro, e perguntaram se eu poderia fechá-la para elas. Concordei e esperava mesmo que o plano delas funcionasse.

Poucos dias depois, fomos levadas às pressas da fábrica para o campo. Quando chegamos, fomos informadas de que os Aliados estavam próximos, na Bélgica. Vimos os rastros de disparos e as bombas, e ouvimos aviões sobrevoando o local.

Ficamos entusiasmadas com a perspectiva de sermos libertadas em breve. Minha alegria diminuiu um pouco quando soube também que minhas três amigas haviam sido capturadas uma hora após a fuga. Elas tinham atravessado o prado perto da fábrica e esperavam pedir ajuda a um fazendeiro. No entanto, naquele exato momento, um dos guardas alemães do campo estava dando uns amassos em uma garota na grama. Ele avistou os macacões azuis e tamancos das minhas amigas, prendeu-as e as manteve sob a mira de uma arma. Elas foram levadas de volta ao campo e atiradas em uma cela no *bunker*.

O *bunker* era uma solitária. Nele havia minúsculas celas de pedra, cada qual contendo apenas um balde e uma pequena plataforma de tijolos que deveria servir como cama. Quase sempre estava escuro como breu em seu interior. Restos de comida eram empurrados por um pequeno orifício na porta. Não havia aquecimento e em geral os prisioneiros estavam descalços e vestiam apenas roupas muito finas.

Tais condições eram atrozes, mas o *bunker* em Ravensbrück era muito pior, fiquei sabendo depois. Lá, as prisioneiras eram amarradas a um bloco e espancadas um determinado número de vezes. Tinham de contar os golpes, e, caso se atrapalhassem e perdessem a conta, teriam de começar do zero. Poucas deixavam aquele *bunker* com vida.

Fiquei horrorizada com o que as mulheres da solitária do *bunker* tiveram de passar. Ao mesmo tempo, agradeci aos céus por ter seguido meus instintos e não ter acompanhado minhas amigas. Era preciso sempre tomar decisões rápidas naquela época, e era muito fácil optar pela errada. As três mulheres nunca deixaram transparecer que eu as havia ajudado, mas fomos todas punidas por seu crime: não receberíamos nenhum pacote de comida da Cruz Vermelha.

Era uma piada, porque os pacotes da Cruz Vermelha nunca chegavam mesmo até nós. Antes de eu ser mandada para lá, pessoas da cidade de Vught e das aldeias vizinhas aparentemente enviavam pacotes que de fato chegavam às prisioneiras. Mas, quando cheguei lá, isso era coisa do passado. Os guardas da SS e suas famílias interceptavam os pacotes e se empanturravam com o conteúdo. Depois da guerra, descobri que Bob e Dientje vinham me enviando pacotes de comida por intermédio das freiras em Vught. Eles nunca chegaram a mim. Sou capaz de imaginar os guardas da SS avançando sobre eles.

Pensando agora, as condições em Vught eram até que boas. No entanto, isso não quer dizer que coisas terríveis não tenham acontecido lá. Minhas amigas me contaram sobre um evento trágico que ocorreu no *bunker* cerca de seis meses antes da minha chegada. Em janeiro de 1944, uma prisioneira alemã traiu algumas das companheiras de prisão, e as outras mulheres no barracão retaliaram cortando os cabelos dela. A líder do barracão foi então trancafiada em uma cela. Outras noventa mulheres protestaram e assinaram uma petição.

Como punição, o comandante do campo trancou 74 mulheres na cela 115: um espaço abafado que media apenas nove metros quadrados. As mulheres ficaram tão espremidas que as guardas não conseguiram fazer caber as últimas dezesseis e jogaram-nas em outra cela. Quando a porta da cela 115 voltou a ser aberta no dia seguinte – catorze horas depois –, dez das mulheres estavam mortas e muitas outras estavam inconscientes. Os jornais da resistência ficaram sabendo dessa atrocidade e publicaram um artigo. O comandante foi demitido e enviado para o *Front* Oriental, onde morreu.

Na noite de 5 de setembro de 1944, ouvimos disparos perto do muro que separava o campo das mulheres do campo dos homens. Tratava-se da "Terça-feira Louca", quando rumores de que Breda havia sido libertada se espalharam pela Holanda, mas essa notícia ainda não havia chegado até nós. Cerca de duzentos homens – entre eles, os maridos e noivos de muitas mulheres em nossa parte do campo, alguns dos quais eu conhecera na resistência – foram fuzilados. As mulheres foram levadas ao campo masculino para se despedir de seus entes queridos. Quando retornaram, estavam em um estado de completo desespero. Sabíamos que os homens seriam executados e fizemos o possível para consolar aquelas pobres mulheres enquanto choravam.

Ouvir uma execução em massa é uma experiência que vai além das palavras. No entanto, nossa capacidade de ficarmos chocadas talvez fosse menor do que em circunstâncias normais. Afinal, já conhecíamos pessoas que haviam sido mortas a tiros. Choramos, mas depois nos recompusemos e prosseguimos com nossa vida cotidiana.

8

A Passagem da Morte: *Ravensbrück*

No dia seguinte a essas atrocidades, embarcamos em um trem. Foi quando escrevi uma carta em papel higiênico para minha amiga Greet e empurrei-a por uma fresta do vagão de transporte de gado; esperava que alguém a encontrasse e a enviasse. Eu me referi a ela como "Gretchen" para tentar chamar o mínimo de atenção possível, e expliquei que provavelmente estávamos sendo transportadas para Ravensbrück ou Sachsenhausen.

A viagem durou três longos e exaustivos dias. Nosso destino acabou sendo Ravensbrück. Quando descemos do trem, fomos recebidas por oficiais da SS com chicotes e cães usando os mesmos uniformes de seus condutores. No *Guia do Museu Memorial Ravensbrück*, você pode ler relatos escritos por outras prisioneiras que chegaram lá. Anna Stiegler descreve como as mulheres que chegaram em fevereiro de 1940 foram recebidas por guardas femininas com cães de caça. "Tamintas após a longa viagem e tremendo de frio, algumas prisioneiras não conseguiam marchar da maneira certa; eram atiradas na neve e intimidadas pelos cães", escreve ela.

Helena Kazimir, que chegou em novembro de 1944, descreve como "Os cães usavam exatamente os mesmos casacos dos oficiais: cinza militar com um distintivo da SS".

Provenientes de Vught, não estávamos acostumadas com os homens da SS com seus chicotes e cassetetes nos golpeando. Empurrando-nos. Havia tantos gritos e choro. Mas não desmoronei. A maior parte do meu grupo demonstrou enorme autocontrole, apesar do medo e da incerteza que sentíamos. Caminhamos em direção ao campo com o máximo de dignidade possível. Manter a cabeça erguida era outro ato de desafio. E sabíamos que, se chorássemos ou gritássemos, haveria problemas. Não queríamos ser surradas se pudéssemos evitar.

Ravensbrück era o único campo exclusivamente para mulheres. A maioria das detentas eram prisioneiras políticas da França, Polônia, Noruega, Tchecoslováquia, Bélgica e Holanda, ou dissidentes alemãs. Apenas quinze a vinte por cento das mulheres eram judias. Claro, eu estava lá como prisioneira política, não como judia.

Nada em Vught poderia ter me preparado para Ravensbrück. Não havia muitos guardas lá, e a maioria deles eram holandeses. Alguns nos maltratavam, mas isso não era nada comparado com a forma como éramos tratadas agora. Olhando em retrospecto para o período que passei em Vught, parecia um *resort* de férias. Tínhamos comida, chuveiros, toalhas e banheiros adequados. Só percebi como tinha sido confortável, relativamente falando, quando cheguei a Ravensbrück. Fiquei satisfeita por não estar lá sozinha; havia mulheres que conhecia da resistência, como Wil Westerweel, e de Camp Vught, como Thea Boissevain, Gusta Eleveld e Ada van den Bosch. Só podíamos encontrar conforto na companhia uma da outra.

Ravensbrück fica em um local isolado no nordeste da Alemanha, mas facilmente acessível de Berlim. As primeiras prisioneiras chegaram em 18 de maio de 1939. No total, foram presas ali 132 mil mulheres e crianças, das quais provavelmente cerca de 92 mil morreram em decorrência da fome, de doenças e execuções. A crueldade era inimaginável.

Nos primeiros anos de funcionamento do campo, bebês recém-nascidos foram tirados das mães e afogados, ou jogados em espaços confinados para morrer. Muitas crianças foram enterradas vivas, envenenadas ou estranguladas, e centenas de meninas foram esterilizadas. Outras crianças foram forçadas a trabalhar, o que em geral as matava. Mais tarde, permitiram que alguns recém-nascidos pudessem viver, mas a maioria ainda morria como resultado das condições.

À medida que ia ficando cada vez mais lotado, mais de 1.500 prisioneiras acabaram vivendo em barracões projetados para abrigar 250, sendo três ou quatro por cama. Milhares tinham de dormir no chão, sem cobertor. Experimentos médicos bárbaros eram realizados em prisioneiras, e várias mulheres foram esterilizadas.

Fora do complexo de Ravensbrück havia um campo de jovens chamado Uckermark, que foi construído a princípio como um campo de detenção para meninas e jovens "antissociais" da Alemanha e da Áustria. Mais tarde, os nazistas o usaram como campo de extermínio para mulheres doentes, sem condições de trabalhar ou com mais de 52 anos. Mais de 5 mil mulheres foram assassinadas lá.

Mulheres que haviam recebido pena de morte eram executadas nas passagens entre os prédios, recebiam injeções letais ou morriam asfixiadas em ônibus especiais que serviam como câmaras de gás móveis. Em 1943, os nazistas construíram um crematório em Ravensbrück e, no outono de 1944, ergueram uma câmara de gás lá.

A residência do comandante ficava ao lado do portão de entrada, e os dormitórios das *Aufseherinnen*, a quem chamávamos de "ratas", por causa dos uniformes cinzentos, situavam-se do lado de fora do portão principal. Essas construções estão lá até hoje. Os edifícios nos quais os oficiais da SS moravam também ficavam fora do campo. Os oficiais muitas vezes levavam uma vida normal, com esposas e filhos. Tinham jardins bem cuidados, mantidos por prisioneiras alemãs ou austríacas que trabalhavam como empregadas ou funcionárias de escritório.

As prisioneiras que realizavam esses trabalhos se beneficiavam de um pouco de comida, roupa limpa e banho de vez em quando, e dormiam em barracões privilegiados, que também eram mantidos limpos. Os alemães morriam de medo de pegar infecções ou piolhos, então, certificavam-se de que as prisioneiras que trabalhavam na casa deles estivessem sem nenhuma doença.

Os funcionários da Cruz Vermelha que visitavam o campo só viam os barracões privilegiados, o que passava a impressão de que as condições não eram tão ruins. Só ficou claro quão terrível o campo de fato era muito tempo depois. O complexo da Siemens ficava na colina acima de Ravensbrück. No começo, era apenas uma fábrica, e as prisioneiras caminhavam até lá todos os dias. No entanto, alguns meses após nossa chegada, foram construídos alojamentos de madeira para as trabalhadoras da Siemens.

Apesar de nossa chegada assustadora, ainda não fazíamos ideia de como seria terrível a realidade da vida em Ravensbrück. Os guardas e seus cães nos conduziram do trem ao campo, cruzando um portão de entrada em uma grande cerca, acima da qual lia-se *Arbeit macht frei* ("O trabalho liberta") em letras grandes. Passamos pelos guardas e pela casa do comandante até a rua principal, que estava coberta de cinzas e areia, antes de chegarmos a uma tenda. O chão lá dentro também estava coberto de cinzas. Era ali que passaríamos nossa primeira noite.

Sentamo-nos na terra e nos perguntamos o que iria acontecer conosco. Tentei não pensar sobre onde isso poderia acabar. Ao contrário, procurei me concentrar em enfrentar cada dia à medida que chegasse. Estávamos exaustas e tudo o que nós queríamos era dormir. Por mais horríveis que fossem nossas circunstâncias, era a única coisa que importava.

— Um inseto rastejante! — uma das mulheres gritou de repente.

Era um piolho. Gusta Eleveld, que eu conhecia do Campo Vught, assumiu o comando.

– Todas para este lado da tenda – instruiu ela.

Não dispúnhamos de muito espaço e dormíamos encostadas umas nas outras. Pensando agora, até que foi engraçado, porque logo estaríamos dormindo duas ou três em um beliche estreito e, em algumas semanas, todas cobertas de piolhos, e sequer demonstraríamos estar incomodadas. Metade do nosso grupo passou aquela primeira noite do lado de fora, na colina.

No dia seguinte, tivemos de esperar em uma longa fila para sermos *entlaust* (despiolhadas). "Não temos piolhos", dissemos, mas gritaram conosco e nos empurraram para dentro de um prédio em grupos de cinco, onde recebemos ordens de nos despir. Em seguida, fomos forçadas a entrar debaixo de chuveiros gelados enquanto éramos espancadas. Sempre havia uma mão bruta em nossas costas.

Depois, ainda nuas, tivemos de fazer fila para que um médico pudesse realizar exames íntimos em nós. Foi humilhante e degradante, e muitas vezes pensei que deve ter sido especialmente terrível para freiras e outras religiosas. O médico não lavou as mãos e acho que não usava luvas. Se as usava, não as trocou entre os exames. Fiquei furiosa por estarmos sob risco de infecção. Tendo em vista o fato de que algumas das mulheres eram prostitutas, é surpreendente que nenhuma de nós tenha acabado com uma doença sexualmente transmissível.

Recebemos então um vestido de prisão listrado de cinza, feito de um material de espessura fina com uma cruz branca nas costas, mas nenhuma roupa íntima. Tínhamos de usar um triângulo vermelho em nossa manga para nos identificar como prisioneiras políticas, e as prostitutas tinham de usar um triângulo preto, designando-as como prisioneiras "antissociais". Cada uma de nós utilizava um número em uma tira de tecido no braço esquerdo. O meu era 66947. Ao contrário de outros campos de concentração, o número não era tatuado em nossa pele.

Quando saímos de novo, não tínhamos nenhuma semelhança com as mulheres de belo macacão azul que haviam descido do trem e que tinham sido chamadas de *die schöne Holländerinnen* (as belas moças holandesas). Parecíamos mendigas. Algumas das garotas choravam – tiveram a cabeça raspada. Disseram-lhes que era por causa dos piolhos, mas acho que o fizeram por pura crueldade, porque aconteceu sobretudo com as que tinham lindos cachos.

O primeiro grupo que saiu havia nos avisado sobre o que iria acontecer. As mulheres de cada grupo logo tratavam de repassar quaisquer bens valiosos que possuíam, como suéteres, para o próximo grupo, para que pudessem voltar a pegá-los mais tarde. Quando soubemos que íamos deixar Vught rumo à Alemanha, Gusta havia pegado o cardigã azul que mamãe tinha tricotado para mim e a caneta-tinteiro Waterman do meu pai do saco em que estavam os meus pertences. Ela conseguiu contrabandear a caneta em um tubo de termômetro.

Ela guardara esses itens desde então, e os entregou a mim quando foi para a tenda de lavagem. Quando chegou a minha vez de entrar, eu os repassei para outras pessoas e voltei a pegá-los quando minha provação terminou. Ser capaz de guardar suéteres, sapatos e outros itens acabou sendo uma dádiva de

Deus, porque não nos restou muito depois do banho: apenas o vestido fino da prisão. Algumas prisioneiras também usavam jaquetas finas de algodão listrado. Eu me consolava com o fato de ainda ter o meu casaco de lã e a caneta de meu pai. Ambos os itens me transmitiam a sensação de que meus pais estavam perto de mim, mas o cardigã também era prático. Enfiei minhas pernas nos braços da roupa, puxei para cima em volta da minha barriga e, usada como roupa íntima, me manteve aquecida.

Fomos levadas para os barracões de quarentena, que eram equipados com beliches com colchões de palha forrados de tecido azul. Estávamos todas exaustas e adormecemos quase de imediato. Penduramos nossas toalhinhas de rosto e escovas de dentes na beirada dos beliches, como fazíamos em Vught, o que foi obviamente algo muito ingênuo de se fazer: na manhã seguinte, tudo já tinha sumido. Mais tarde, descobrimos que as guardas e prisioneiras se referiam a isso como roubo organizado.

Fomos retiradas da quarentena no dia seguinte e as guardas nos acompanharam até nosso barracão permanente, onde ficamos por algumas semanas até sermos transferidas para as fábricas. Havia apenas uma entrada para cada barracão. Tratava-se do *Stube* (sala de estar), onde ficava a *Älteste* do bloco (a mulher que supervisionava as prisioneiras em cada barracão). Em geral, era uma prisioneira alemã ou austríaca, ou uma criminosa com privilégios. Ela dispunha de um pequeno fogão que podia usar para ferver água para o café. Poderia também entreter lá suas companheiras – duas *Ältesten* assistentes. Muitas vezes, eram mulheres extraordinariamente desumanas, que espancavam as colegas de prisão com os punhos ou bastões.

Havia cerca de duzentos beliches triplos em cada alojamento, por isso o lugar, estava superlotado, e as cobertas dos colchões estavam imundas. Nesse ponto, foi-me designada a cama de baixo do beliche, o que era bom, porque eu estava tendo um sério problema com meus intestinos e era muito difícil sair da cama superior dos beliches se você estivesse doente e precisasse ir ao banheiro.

Éramos despertadas às quatro horas toda manhã. Não importavam as condições climáticas – fosse chuva, neve ou geada –, tínhamos de fazer fila para a chamada em fileiras de dez. Se não nos levantássemos rápido o suficiente, os oficiais da SS e as guardas com pastores-alemães vinham e nos chicoteavam, gritavam conosco e nos espancavam. Depois, a *Aufseherin* nos contava e os oficiais da SS verificavam os números. Eles pareciam nunca coincidir e, cada vez que perdiam a conta, começavam de novo do zero. Quando os números por fim coincidiam, éramos dispensadas. Duas mulheres tinham de acompanhar o guarda para buscar um barril de madeira de um líquido aguado substituto de café, que bebíamos em nossas canecas de lata. Esse era o "café da manhã".

À noite, depois do trabalho e de outra chamada, recebíamos uma concha de uma suposta sopa, que consistia em água com algumas folhas de grama ou repolho, com uma fatia muito fina de algo que deveria passar por pão. Brincávamos que era feito de serragem, mas ainda assim o engolíamos.

Estávamos sempre famintas. Tínhamos de sentar na cama enquanto comíamos, as cabeças curvadas para baixo. Ou às vezes tínhamos de ficar do lado de fora – não havia espaço suficiente na sala de estar para que todas permanecêssemos lá ao mesmo tempo. Além do mais, era mais seguro ficar longe da *Älteste* do bloco e de suas assistentes.

Depois de alguns dias no campo principal, ordenaram-me que fosse ver a *Älteste* do bloco. Ela me perguntou, com uma *Aufseherin* ao seu lado, se eu queria ir para um *Muttiheim*. Ela disse que eu conseguiria algo decente para comer e um pouco de leite lá. Não fazia ideia do que era um *Muttiheim*. Sabia que *Mutti* significava "mãe", mas tudo soava bastante arriscado para mim. Recusei-me, dizendo que preferia ficar com minhas amigas. Por incrível que pareça, você tinha permissão para dizer não. Seja como for, ficar com meu grupo parecia a opção mais segura. Quando contei essa história a algumas amigas mais velhas, elas começaram a rir. Disseram-me que *Muttiheim* era um lugar onde as meninas eram forçadas a fazer sexo com soldados alemães, para que ficassem grávidas e tivessem bebês arianos. Eles não sabiam quão irônico isso teria sido no meu caso.

Como o grupo de mulheres era todo constituído de prisioneiras políticas, formávamos uma unidade. Ainda assim, nunca confiei em ninguém ao meu redor. Cuidávamos umas das outras tanto quanto podíamos, mas não revelei minha verdadeira identidade a ninguém. O tempo todo ative-me à minha história – eu era Marga.

Às vezes, ouvia histórias sobre o que algumas das outras mulheres haviam feito para serem mandadas para lá – elas não tinham nada a esconder. Mas minha cautela fez com que as mulheres não confiassem em mim, porque eu nunca falava sobre nada. Era perigoso demais.

Em meus primeiros dias no campo, vi uma mulher que reconheci. Ela havia sido uma estrela em ascensão no teatro: uma atriz, dançarina e cantora que viera de Viena para Amsterdã. Mal chegava a um metro e meio de altura, mas se destacava com seus cabelos ruivos flamejantes. Havia se apresentado no Hollandsche Schouwburg antes da guerra e se tornava cada vez mais famosa.

Lembro-me de como queria muito vê-la se apresentar e comecei a importunar meus pais. A princípio, papai disse que não – ele estava preocupado que tais passeios não fossem adequados para sua filha de 19 anos. Ele também achou que era um insulto ir ao teatro judaico, mas implorei, até que ele por fim cedesse. Ele, mamãe e eu fomos juntos no que deve ter sido o inverno de 1941, quando a mulher tinha apenas 21 anos. Apesar da pouca idade, ela atraía um público dedicado. Lembro-me bem daquela noite, porque algo em particular me encantou. Papai deu uma risada bem sonora, e, durante a apresentação, um dos atores no palco disse:

– Ouço uma risada familiar!

Fiquei tão orgulhosa pelos colegas de meu pai o terem reconhecido apenas por sua risada! E, claro, toda a plateia voltou-se para ele, o que me encantou ainda mais. Quando vi aquela mulher em Ravensbrück, senti meu pai bem próximo de mim.

Ainda assim, fiz o possível para ficar longe dela – estava com medo de que ela me reconhecesse e revelasse sem querer minha identidade judaica.

Havia outras armadilhas a serem observadas no campo. As outras prisioneiras nos alertavam sempre para não bebermos a água das torneiras, por mais que estivéssemos com sede – ela nos deixaria muito doentes e poderia até nos matar. Embora tenha seguido esse conselho, não demorou muito para começar a sofrer de uma terrível diarreia. Certa manhã, não consegui sair do banheiro rápido o suficiente para a chamada. Um oficial alemão da SS me bateu com seu cinto, feito de couro e metal. Ele me expulsou do banheiro à força na base de chicotadas, e perdi a consciência.

Duas mulheres me carregaram para o *Revier* – o barracão das doentes –, onde permaneci alguns dias porque estava muito mal. Colocaram-me em uma extremidade de uma cama de baixo de um beliche, embora já houvesse duas alemãs na outra extremidade. Até o barracão das doentes era lotado. Na manhã seguinte, aquelas alemãs me empurraram para fora da cama, gritando:

– A holandesa suja não se lavou.

Arrastei-me porta afora para o corredor, onde havia algumas pias e torneiras, e comecei a me lavar, quase totalmente nua. Uma polonesa mais velha que estava ao meu lado disse:

–Vocês, holandesas, se lavam demais. É por isso que tantas de vocês acabam mortas.

Uma *Aufseherin* que estava parada do outro lado do corredor ouviu as palavras da mulher e ergueu os olhos.

– Meu Deus – ela exclamou. – Pensei que a holandesa estaria morta pela manhã.

Ela me empurrou de volta para a cama e, por estar lá, as alemãs não ousaram dizer coisa alguma. Mais tarde, descobri que elas haviam sido presas por negociarem no mercado negro.

Depois de passar quatro dias no barracão, algumas de minhas amigas holandesas da fábrica de máscaras de gás em Den Bosch vieram até a janela para me dizer que estavam sendo transportadas para outro campo de trabalho e que eu deveria ir com elas. Mas estava muito debilitada. Além disso, imaginei que seria mais seguro permanecer em Ravensbrück, ainda mais porque não sabia se a SS tornaria a examinar o histórico pessoal de todos se fôssemos transportadas. Foi difícil dizer adeus às minhas amigas. Eu não tinha ideia de se voltaria a vê-las.

Fazia um frio intenso, principalmente à noite, embora dormíssemos com todas as roupas que tínhamos. Perguntei-me se havia alguma maneira de colocar minhas mãos em mais algumas camadas de proteção. O frio com certeza não estava contribuindo nada para minha saúde. Alguém me contou sobre uma mãe holandesa com dois filhos pequenos que trabalhava no bloco de costura. Ao que parecia, ela oferecia roupas em troca de pão para os filhos. Embora eu estivesse morrendo de fome, guardei minhas pequenas fatias de pão por alguns dias e fui procurá-la.

Pelo que as pessoas haviam dito, pensei que ela pudesse ser uma das conhecidas de papai – ele conhecia o marido dela. Embora nunca tivesse sido apresentada a ela, rezei para que não me reconhecesse. Se ela o fez, não disse nada. Troquei meu pão por uma ceroula que ela roubou no trabalho e fiquei grata pela peça – manteve-me aquecida pelo período restante que passei no campo.

Trinta anos depois da guerra, quando fui à inauguração do memorial Ravensbrück no Museumsplein de Amsterdã, vi minhas companheiras prisioneiras pela primeira vez desde a libertação. Aproximei-me de Gusta Eleveld, que se tornara presidente do Comitê Ravensbrück holandês.

– Você se lembra de mim? – perguntei.

– Claro que me lembro de você, Marga. Minha cama ficava embaixo da sua em Ravensbrück. Nunca vou me esquecer daquelas pernas brancas de ceroula que pendiam pela beirada da cama todos os dias.

Fiz o possível para me manter aquecida e forte. Nosso grupo de mulheres holandesas tinha de realizar um trabalho físico muito árduo ao longo do dia, como arrastar pedras pesadas de um lugar para outro, cavar grandes buracos no barro ou puxar um rolo compressor maciço. Claro, o único propósito disso era torturar as prisioneiras. Fiz o que pude para evitá-lo.

Wil Westerweel e eu conseguíamos nos esgueirar para um barracão vazio, onde rastejávamos para debaixo do colchão da cama do beliche mais alto que conseguíamos encontrar e nos deitávamos ali, filosofando sobre a vida. Como eu não tinha muita experiência com as regras do campo, não percebi como aquilo era perigoso – se tivéssemos sido encontradas, teríamos sido espancadas até a morte.

Depois de alguns dias, comecei a pensar sobre o risco que corríamos, mas então me deram outra saída. Uma amiga me contou que um grupo de mulheres holandesas que trabalhavam para a Philips no Campo Vught estava sendo enviado para a fábrica da Siemens, e que eu deveria ir com elas. Nunca tinha trabalhado para a Philips, respondi, mas ela me falou que os alemães nunca olhavam para nós detidamente; apenas contavam quantas mulheres saíam pelo portão.

Não me fiz de rogada e agarrei a oportunidade no dia seguinte. Havia centenas de mulheres na fila e me juntei a elas. Estava com medo de que o que minha amiga tinha me dito não fosse verdade, mas tudo ocorreu do jeito que ela havia dito. Após a chamada da manhã, por volta das cinco e meia, fomos até o portão de entrada do campo. Subimos a longa colina até a fábrica da Siemens em fileiras de cinco e começamos a trabalhar às seis em ponto. Os gestores da Siemens eram muito rígidos no que dizia respeito à pontualidade. Mais tarde, soube que tinham de pagar aos chefes das SS apenas alguns centavos por hora para cada prisioneira.

Quando cheguei à Siemens, tive de sentar em um banquinho em uma bancada. Minha tarefa era soldar fios metálicos muito finos em máquinas pequenas – suspeito que fossem componentes de aeronaves. Estava incrivelmente nervosa e sabia que não me sairia bem em um trabalho tão delicado – não tinha uma mão muito firme. Fiquei apavorada, com receio de que me mandassem de volta para o campo, então, toda vez que um telefone tocava por perto, eu me apressava para atendê-lo e chamava o chefe, *Herr* Seefeld.

Esperava parecer tão útil que não precisasse mais trabalhar nas máquinas. Meu plano ia bem, até o dia em que alguém importante de Berlim ligou. Eu atendi e, como de costume, transferi para *Herr* Seefeld, mas ele foi informado de que as prisioneiras não tinham permissão para atender o telefone. Esse foi o fim do meu plano, e me desesperei. Fiquei tão nervosa com a possibilidade de fazer alguma besteira no trabalho que um dia voltei a desmaiar e perdi a consciência.

Embora o estresse não ajudasse, eu estava mesmo doente. Sentia-me tão mal que nem conseguia pensar direito. Fui levada de novo para o barracão das doentes, onde me contaram que eu estava com tifo. Tive alta depois de algumas noites e fui mandada para um barracão próximo, ainda debilitada. Tinha visto tantas coisas horríveis acontecerem que sabia que precisava melhorar.

Eu sabia, por exemplo, que quando alguém clamava por socorro – porque não conseguia ir ao banheiro sozinha, talvez –, as ditas enfermeiras seguravam o colchão da paciente – uma na extremidade da cabeça, outra na dos pés – e jogavam-na para fora do beliche, mesmo que estivesse na cama de cima. Em circunstâncias normais, eu não teria sido capaz de sair da cama, estava muito mal, mas de alguma forma encontrei forças para continuar.

Uma garota holandesa com uma estrela de Davi amarela no peito aproximou-se de mim.

– Você é Marga van der Kuit? – perguntou ela.

Ela me disse que a Siemens estava abrindo um novo local que *Herr* Seefeld administraria e ele queria que eu fosse trabalhar como sua secretária. Nunca mais a vi depois disso. Acho que ela foi enviada para Auschwitz.

Mais uma vez, a sorte estava do meu lado – *Herr* Seefeld notou que eu atendia o telefone. Mais tarde, ele também me disse que eu o fazia se lembrar de sua filha. Essa feliz coincidência, e minha determinação de sair do barracão e ir para a fábrica da Siemens apesar de meu estado de fraqueza, resultaram em uma das melhores posições possíveis em Ravensbrück. Eu me sentava em frente a *Herr* Seefeld em sua mesa, durante o dia em uma semana, e à noite na semana seguinte. Ele era um homem grande e de aparência normal, no fim dos 40 ou início dos 50 anos, com um rosto redondo e bem barbeado, e cabelos penteados para trás. Trabalhava para a Siemens desde que saíra da escola. Era tão amigável e humano quanto era possível ser naquelas condições terríveis, e conversamos muito, ainda mais durante as noites longas e frias. Minha jovem *Aufseherin* também não era ruim. Nunca a ouvi dizendo ou a vi fazendo nada cruel. Ela até me deixava ir sozinha ao banheiro do lado de fora da fábrica da Siemens, inclusive à noite.

O banheiro ficava em uma pequena cabana e era independente, como um banheiro móvel. Em minhas incursões solitárias para utilizá-lo, pensei muito sobre as possíveis maneiras de escapar, mas dava para enxergar as torres de vigia com seus holofotes circulando e parecia mais seguro ficar onde estava. Lembro-me com clareza de ir ao banheiro alguns meses depois de chegar ao campo e encontrar o primeiro piolho em meu corpo. A maioria das mulheres já estava coberta por eles. Eu temia que pensassem que meu sangue era diferente porque não tinha nenhum piolho, então, fiquei extremamente aliviada quando vi aquele repugnante bichinho rastejante. Ridículo, não? Mas meu medo de ser descoberta era justificável – a maioria das prisioneiras judias já havia sido enviada para Auschwitz.

O tifo não foi a única doença que me acometeu. Lutei contra a disenteria o tempo todo em que estive em Ravensbrück. O bloco de banheiros no campo tinha canais nos quais você podia se aliviar, com torneiras no alto. Era uma bela caminhada saindo do nosso barracão. Certa noite, tive dores de barriga terríveis e precisava usar o banheiro com urgência.

Estava dormindo na cama do meio do beliche e tentei me segurar enquanto descia da cama. Não queria sujar minhas ceroulas nem meu casaco de lã azul quente. No entanto, não consegui me conter mais e, quando avistei um grande barril próximo à saída do barracão, usei-o. Na manhã seguinte, a *Älteste* do bloco, que se dizia uma baronesa austríaca, perguntou quem era a responsável. Ninguém disse uma palavra. Quando ela ameaçou contar à *Aufseherin* e punir o barracão inteiro, eu confessei.

Minha punição foi uma surra. A *Älteste* do bloco me esbofeteou o rosto e começou a socar minha cabeça. Revidar não era uma opção – fazê-lo teria sido perigoso demais. Quando alguém bate em você, uma resposta automática para se proteger entra em ação, e minhas mãos subiram para minha cabeça. Não adiantou muito. Ela me espancou de maneira tão brutal que perdi a consciência e desmaiei. Meu maior medo era que ela informasse à SS. Ela própria era uma prisioneira, é claro, mas tinha poder. Quem sabe? Talvez tenha sido meu trabalho o que ajudou a me salvar.

Não tive de ficar naquele barracão por muito mais tempo. Em novembro de 1944, foram construídos dormitórios na Siemens para as trabalhadoras da fábrica. Isso significava economizar os trinta minutos de caminhada para ir e voltar do trabalho todos os dias. Também tínhamos o luxo de dormir duas pessoas em uma cama, em vez de três ou quatro. As mulheres que trabalhavam nos turnos diurnos dormiam lá à noite, e as mulheres que trabalhavam nos turnos noturnos, durante o dia.

Tirando isso, a vida prosseguia a mesma. A maioria das mulheres holandesas dormia no mesmo barracão. Ainda tínhamos de acordar cedo para a chamada, e ainda havia aquele café horrível e o trabalho. Uma melhoria foi que em geral não havia oficiais da SS com cães, apenas nossa própria *Aufseherin*, que nos acompanhava até a fábrica e permanecia conosco. Todas nós tentávamos sobreviver da melhor forma que podíamos. Mulheres que adoeceram foram levadas para o *Revier* no campo-base, e nunca mais vimos a maioria delas. Disseram-nos que haviam sucumbido às doenças, mas mais tarde ficamos sabendo que haviam recebido injeções letais ou foram asfixiadas por gás.

Podíamos ser apenas duas por cama agora, mas as condições ainda eram terríveis. Não podíamos lavar nossa roupa, e por isso o fedor no barracão era insuportável. Era quase melhor estar do lado de fora na chamada, mesmo que isso às vezes significasse ficar no frio congelante ou na neve por horas a fio. Como estávamos todas muito fracas e desnutridas, nossa menstruação parou, mas pelo menos era uma coisa a menos com que nos preocupar naquelas condições anti-higiênicas.

Muitas mulheres ficaram inférteis, e os médicos me disseram depois da guerra que era bem improvável que eu pudesse ter filhos. Havia outras mulheres, como Annie Hendricks, que já estavam grávidas quando chegaram a Ravensbrück. O marido de Annie fora executado em Vught antes de partirmos. Em troca de um pouco de comida extra – purê de batata e cenoura ou sopa espessa com couve-rábano e cenoura –, ela realizava um trabalho pesado extra, como carregar grandes panelas de sopa, café ou lixo depois de trabalhar o dia ou a noite toda. Ela tinha de fazer isso sozinha; ninguém tinha permissão para ajudar.

Foi um milagre que sua gravidez tivesse progredido da forma como o fez. Sentíamo-nos desamparadas, mas fazíamos o possível para apoiá-la. Conforme o nascimento de seu filho se aproximava, ofereci-me para ajudar como podia. Era uma boa caminhada até a cozinha para coletar a comida extra que ganhava, e ela tinha de permanecer em uma longa fila antes de ser servida, então, ela me pediu que a pegasse para ela. Entregou-me seu vale e eu fui em seu lugar. Jamais me esquecerei do cheiro de purê de batata com cenoura. Para alguém que estava morrendo de fome, o perfume era de dar água na boca. Devo admitir que muitas vezes senti-me tentada a provar, mas nunca o fiz. O filho de Annie nasceu pouco depois.

A única vez que recebi um pouco de purê foi quando quase morri de disenteria e, por fim, fui ao médico. Você só fazia isso como último recurso. O campo estava extremamente lotado quando chegamos e era do conhecimento geral que prisioneiras doentes eram assassinadas. De qualquer forma, o médico raramente aparecia, mas, se ele a enviasse ao *Revier* no campo principal, você poderia temer nunca mais retornar ou que a usassem para experimentos médicos antes de envenená-la com gás.

Fiquei mais doente e mais debilitada porque não conseguia manter comida alguma no estômago sem vomitar. Aguentei o máximo que pude, mas em um domingo eu me rendi e fui até a cabana do médico. Domingo era o único dia em que você podia comparecer, porque não se tinha permissão para tirar folga do trabalho. Uma nova médica havia substituído o oficial da SS, o que me deu um pouco de esperança. Tive de esperar do lado de fora na fila por uma hora antes de enfim conseguir vê-la.

Ela foi gentil e me deu um vale para pegar um pouco de purê na cozinha. Era apenas um vale, mas foi o suficiente para acabar com a diarreia severa – pelo menos por um tempo. Nunca passou por completo e durante anos tive problemas intestinais, mesmo depois da guerra. Os médicos disseram que meus intestinos eram de um vermelho intenso, como se estivessem inflamados há muito tempo. Mesmo hoje, mais de setenta anos depois, meus intestinos voltam a dar problema se eu estiver resfriada ou muito esgotada.

Todas nós tínhamos uma caneca de estanho, um prato e uma colher também de estanho, que precisávamos manter por perto o tempo todo para que não fôssemos roubadas. Uma das mulheres da Siemens, Tine van Yperen, trabalhava em uma máquina na qual tinha de revestir fios com níquel e se ofereceu para renovar nossas colheres de estanho. Elas ficaram maravilhosas depois, como prata verdadeira.

Isso pode parecer terrivelmente sem importância, mas não tínhamos nada de belo – então, se houvesse algo que pudesse tornar o ambiente um pouco mais agradável, nós o aceitávamos. Ter algo bonito de se ver fez toda a diferença. Claro, ter feito isso foi bastante arriscado para Tine, e para nós também – se nos pegassem, seríamos punidas no *bunker*, ou coisa pior.

Era preciso proteger sua colher, caneca e prato com a própria vida. Sem eles, você não poderia tomar aquela sopa nojenta nem o café desagradável. Roubar não era tão comum no campo da Siemens, talvez porque fosse muito menor, mas ainda assim acontecia se você não tomasse cuidado. Quando tive aquela terrível diarreia, não conseguia comer minhas fatias de pão à noite, de modo que as enfiei embaixo do colchão, na cabeceira da cama. Fui acordada no meio da noite por uma mão furtando o meu pão.

A mulher que o surrupiara fugiu para o beliche da frente e o escalou. Fiquei surpresa, ainda mais porque ela sempre me pareceu uma mulher tão simpática. Antes de ser presa, era advogada na Holanda. Deixei passar – não queria que ela fosse punida e, fosse como fosse, não teria sido capaz de provar que tinha sido ela. Foi muito triste. Sua saúde mental vinha se deteriorando havia algum tempo, e, não muito depois desse incidente, ela foi levada para o campo-base, onde é provável que tenha sido assassinada.

Ela não estava sozinha em sua batalha. Algumas das mulheres estavam enlouquecendo a olhos vistos. A mudança de comportamento começava com um sorriso estranho, depois elas passavam a rir alto, de um modo particularmente bizarro, que ia ficando cada vez pior.

Eu tinha a forte sensação de que queria sobreviver – um instinto que faz parte da minha personalidade e tem estado comigo durante toda a minha vida –, mas, para que isso acontecesse, sabia que era necessário ter esperança. Se você perdesse a esperança, poderia mergulhar em uma depressão, e as chances de sobrevivência desapareceriam. Pude ver que foi isso que aconteceu àquelas mulheres que enlouqueceram – elas perderam a esperança.

Na maior parte do tempo, eu não pensava, apenas vivia. Era capaz de remover os pensamentos ruins da minha mente, e isso significava ser capaz de viver o momento. Também aprendi outra lição valiosa e, depois disso, sempre comia minha fatia de pão assim que a recebia.

Uma noite, a *Aufseherin* chefe estava em serviço de inspeção quando me encontrou cochilando em uma cama de campanha no escritório dos fundos do armazém da Siemens, embora eu devesse estar no turno da noite. *Herr* Seefeld disse-me para ir me deitar porque eu estava muito doente e debilitada.

– Não vá passar por aquele cano, Van der Kuit – disse ele. Por "aquele cano", ele se referia ao crematório.

A *Aufseherin* chefe ficou furiosa por eu estar dormindo ali e nossa própria *Aufseherin* recebeu uma severa reprimenda. Ela, por sua vez, gritou comigo. Foi a primeira vez que fez isso. Deve ter morrido de medo de acabar ela própria se metendo em problemas.

Fiquei surpresa por não haver outras consequências. Esperava ser punida ou espancada, mas suspeito que *Herr* Seefeld tenha conversado com a *Aufseherin* chefe e ela decidiu que não fazia sentido relatar o ocorrido aos superiores – é bem provável que ela mesma tivesse problemas por deixar isso acontecer.

Na Siemens, recebíamos inicialmente uma fatia extra de pão à meia-noite e, vez por outra, também uma fatia de salsicha alemã. Era minha responsabilidade dividi-la com as mulheres e eu devia cortá-la em fatias bem finas. Éramos cerca de 250 para apenas uma salsicha comprida. Por mais que eu cortasse em fatias finas, nunca havia o suficiente para distribuir a todas. Algumas mulheres não ganhavam uma fatia, inclusive eu. Eu dizia às mulheres que haviam ficado sem que elas seriam as primeiras da fila na vez seguinte, mas muitas vezes não havia uma vez seguinte – os oficiais da SS consumiam as salsichas eles mesmos, assim como os pacotes de comida da Cruz Vermelha.

A única outra holandesa em meu barracão estava sempre chorando. Havia sido presa porque os nazistas estavam procurando seu noivo judeu. Ela me disse que ele havia fugido para a Suíça, mas depois da guerra admitiu que ele estava se escondendo com os pais dela. Estava com medo de que ele fosse encontrado e que ele e seus pais fossem mandados para um campo de concentração. Ela se sentava em uma das longas mesas, soldando os pequenos componentes, com lágrimas escorrendo pelo rosto. Um dia, *Herr* Seefeld me pediu que fosse lá e descobrisse o que estava acontecendo. Talvez tenha sido graças a ele que ela foi libertada alguns meses depois e enviada para casa por intermédio de vários outros campos. Depois da guerra, casou-se com seu noivo judeu.

Assim que ela saiu, *Herr* Seefeld me disse:

– Se você for libertada, Van der Kuit, vá até a sede da Siemens e diga a eles que eu a enviei. Eles encontrarão um bom emprego para você.

"Você não faz mesmo ideia", pensei. Ele pode ter sido bem-intencionado, mas eu esperava que ele não tentasse me ajudar, porque isso significaria que teriam de analisar de novo minha documentação. Eu estava mais segura no campo.

Herr Seefeld esforçava-se ao máximo para ser bom. Quando lhe contei sobre duas mulheres que eu conhecia – mãe e filha que estavam sendo forçadas a realizar trabalhos físicos pesados no campo-base –, ele disse que deveriam entrar na fila na manhã seguinte e que ele arranjaria trabalho para elas nos seus barracões. Permaneceu fiel à sua palavra; no entanto, suas ações não foram suficientes para salvá-las. Elas sempre bebiam água da torneira, e ele me disse para adverti-las do perigo. Eu sabia muito bem como isso as deixaria doentes e fiz o meu melhor para fazê-las compreender, mas elas continuaram fazendo isso e sentiram-se muito indispostas. Não muito depois, a mãe morreu. A filha adoeceu mentalmente e foi enviada de volta ao campo-base, onde veio a falecer – ou foi assassinada.

Em outra ocasião, *Herr* Seefeld me disse para reunir todas as mulheres da Siemens em grupos de cinco porque ele queria pagá-las. Mais uma vez, ele pode ter pensado que agia com boas intenções, mas fiquei consternada. Estava acostumada a representar as mulheres trabalhadoras e era amiga da maioria delas. Eu era uma espécie de intermediária entre Seefeld e as prisioneiras – era meu trabalho lhes contar as coisas, e elas, de certa forma, me respeitavam. Então, eu lhes disse para não aceitarem o pagamento – afinal, não estávamos oferecendo nossos serviços como trabalhadoras de modo voluntário. Eu era contra esse princípio, e a maioria das mulheres concordou comigo – não queríamos fazer nada que pudesse criar a impressão de que havíamos aceitado nossa situação. Éramos prisioneiras e tínhamos de deixar isso bem claro.

Herr Seefeld me pediu que me postasse atrás de sua cadeira e lesse os nomes e números das mulheres enquanto ele lhes oferecia vales para a "loja". Cada vez que uma mulher se aproximava da mesa, eu balançava a cabeça e ela dizia: "*Nein*".

Uma a uma, elas se recusaram a aceitar os vales.

Depois de algumas delas terem feito isso, Seefeld falou:

– Van der Kuit, diga a elas que podem usar estes vales para comprar comida saborosa e outros itens na loja.

– Não somos funcionárias – respondi. – Estamos sendo levadas a realizar trabalhos forçados. Além do mais, não há nenhuma loja em nosso campo.

Ele ficou surpreso, mas continuou oferecendo vales pelo trabalho que havia sido feito. Quando tocou no assunto mais tarde, reiterei que se tratava de trabalho forçado.

Ele expressou sua surpresa mais uma vez.

– Mas vocês todas infringiram a lei, não é? É por isso que estão sendo punidas.

Pobre e ingênuo homem. Tive de escolher as palavras com cuidado, mas respondi dizendo que tínhamos sido invadidos por um país inimigo que tinha as próprias leis, e que muitas mulheres, em especial no campo-base, morriam de fome e de doenças. Ele pareceu infeliz, mas não voltou a tocar no assunto. Eu falei o que queria dizer.

Vally Novotna, uma formidável garota tcheca, sentava-se ao meu lado no escritório. Ela tinha um belo rosto eslavo e era incrivelmente inteligente. Antes de sua prisão em Ravensbrück, tinha passado quatro anos realizando trabalhos forçados em uma mina de sal. Estava sempre bem-vestida, com pulôveres quentes, botas e um lindo casaco que invejei terrivelmente.

As tchecas eram muito influentes no campo. Muitas delas, como algumas das prisioneiras alemãs e austríacas, conseguiam assegurar posições privilegiadas no campo-base e no campo da Siemens, sobretudo nas cozinhas e no *Bekleidungskammer* – depósito onde as roupas e os pertences originais das prisioneiras eram mantidos. Elas haviam chegado bem antes de nós, muitas logo após a invasão de Hitler à Tchecoslováquia, em março de 1939. Formavam uma comunidade bastante unida e ajudavam umas às outras, algo que era fundamental para a sobrevivência.

Vally parecia gostar muito de mim; tive sorte de ter feito amizade com ela. Um dia, quando o tempo piorou rápido e fiquei com muito frio, Vally me disse para ir até uma mulher tcheca que trabalhava no *Bekleidungskammer* e dizer a ela que Vally era minha amiga. Fiquei com medo – porque ali você sempre ficava –, mas, no domingo seguinte, fui procurá-la. Mencionei o nome de Vally e disse-lhe que era Marga. Ela parecia estar me esperando e me deu um belo casaco preto acolchoado e um chapéu quente.

Eu era muito magra – alguns meses no campo se encarregaram disso –, e, embora o casaco fosse pequeno, coube em mim com perfeição, e sentia-me relativamente elegante usando-o. Ele até possuía um bolso interno onde guardei a caneta-tinteiro de papai. A quem poderia ter pertencido aquele casaco? Provavelmente a uma mulher judia que fora assassinada lá ou em outro campo, ou uma garota judia. A maioria das mulheres judias era enviada de Ravensbrück para Auschwitz. Era horrível pensar no destino da dona anterior, mas ao mesmo tempo um alívio ter algo quente para vestir. Era preciso fazer o que fosse necessário. Aquele casaco quente foi uma fonte de prazer para mim pelo restante do tempo que passei lá. Eu o usava o dia todo e também dormia com ele.

Certo dia, quando estava me sentindo bastante desanimada e indisposta, Vally apareceu com uma fatia de pão com cebolas picadinhas. Pode não parecer muito atraente, mas foi mais saboroso do que o bolo mais delicioso que já comi! Ela me disse para não desistir e pensar em algo bom. Sua gentileza me fez sentir cem vezes melhor. Nós nos apoiávamos. A comunidade desempenhava um papel tão importante em nossa sobrevivência. Nossas amigas eram nossa família.

Alguns meses depois, pouco antes de sermos libertadas, recebi um pacote de comida da Cruz Vermelha Sueca – o único que chegou até mim. Vally aproximou-se da abertura na parede de nosso barracão, onde deveria haver uma janela, e dei a ela um pouco de seu precioso conteúdo: pão com linguiça de fígado, biscoitos e chocolate. Ela me disse que as mulheres norueguesas e dinamarquesas também haviam recebido pacotes da Cruz Vermelha antes de serem libertadas, mas não acreditei nela. Não tínhamos visto nenhuma mulher sair ou ouvido nenhuma menção a isso. Mas Vally insistiu, dizendo que seria a nossa vez. Não era capaz de imaginar que isso pudesse ser verdade.

Os rumores de uma libertação persistiram. Vally me disse o nome de seu irmão em Praga – um doutor chamado Novotni –, e tentei localizá-lo várias vezes depois da guerra, mas foi impossível fazer contato com a Tchecoslováquia por anos. Tentei outra vez por meio da Associação Internacional de Ravensbrück, porém, de novo, não obtive resposta alguma. Muitas vezes me perguntei o que teria acontecido a Vally, esperando que ela tivesse sobrevivido. Claro, ela não sabia meu nome verdadeiro e eu nunca lhe contei minha verdadeira história. Mas transmiti meus dois nomes à Cruz Vermelha quando perguntei por ela.

Em 2010, dei uma palestra em Ravensbrück, na qual conversei com várias mulheres tchecas que visitavam o campo, e pedi que descobrissem o que havia acontecido com Vally. Em 2015, fiquei sabendo que ela foi levada para a Suécia no fim de abril de 1945 e depois retornou para a Tchecoslováquia. Talvez ela já tenha morrido; afinal, somos bem velhas.

Em alguns domingos, nosso único dia de folga, as mulheres holandesas eram convocadas para fazer um árduo trabalho físico de reconstrução do jardim e da casa onde morava o comandante da SS do campo da Siemens. Minha amiga holandesa Thea Boissevain me contou depois que teve de arrastar pedras pesadas e outros materiais de construção. Eu deveria ter estado lá também, mas de novo tive sorte e me safei com facilidade. Quando a *Aufseherin* nos chamou, eu precisava ir ao banheiro. Pedi permissão.

– Sim, Marga, mas seja rápida – disse ela.

Quando voltei, as mulheres já tinham ido embora. Não fazia ideia de para onde tinham ido e com certeza não iria procurá-las. Fui então ao bloco da cozinha e sentei-me entre as mulheres tchecas, húngaras e polonesas. Depois de descobrir como escapar desse pesado trabalho extra, fiz questão de usar o mesmo subterfúgio todas as vezes. Visto que aquelas de nós que sabiam como evitar o trabalho pesado estavam constantemente exaustas devido à desnutrição e à privação de sono, não consigo nem imaginar como aquelas que o fizeram devem ter se sentido.

Os domingos eram também reservados à limpeza dos barracões. Se não recebêssemos a ordem de trabalhar, tínhamos de permanecer do lado de fora o dia todo e fazíamos o possível para nos proteger do vento. Além do meu casaco acolchoado, recebi sapatos fechados, então, estava em melhor situação do que muitas outras, mas ainda assim fazia muito frio naquele inverno. Como resultado, algumas das mulheres adoeceram e foram levadas para o campo principal. Nunca mais voltaram.

No início de 1945, as condições em Ravensbrück pioraram ainda mais. Os russos tomaram e libertaram os campos de concentração na Europa Oriental, e os nazistas, desesperados, transferiram o máximo de prisioneiros que puderam para a Alemanha. Como resultado, o comandante da SS e milhares de prisioneiras de Auschwitz chegaram a Ravensbrück. Certa noite, em janeiro de 1945, estávamos a caminho do turno da noite na fábrica da Siemens quando nos deparamos com uma longa fila de mulheres malvestidas que pareciam terrivelmente famintas.

– Holanda, holandesas, *Hollands, Niederlanden?* – gritei.

Tentei gritar em francês e alemão também. Ninguém respondeu. Elas pareciam do Leste Europeu, famintas, doentes, sujas e exaustas. Deviam ter caminhado ou estado trancafiadas em vagões de trem por dias. Havia centenas delas. Ravensbrück estava agora tão lotado que as mulheres no campo-base dormiam em cinco ou seis em uma cama. Às vezes, vinham dormir em nossos barracões na fábrica da Siemens por uma ou duas noites, inclusive uma garota inglesa que nos contou que era casada com um francês e fora presa na França porque trabalhava para a resistência. Mas nunca mais vimos essas mulheres depois que a guerra acabou.

Ouvíamos tiros com frequência. Havia uma trilha perto do campo de jovens de Uckermark para onde as mulheres eram levadas para serem executadas, que passamos a chamar de passagem da morte. Outras eram levadas para a floresta dos arredores ou asfixiadas com gás. Naquela época, uma câmara de gás e alguns fornos já haviam sido construídos, e outra câmara de gás fora transportada de Auschwitz e instalada em Ravensbrück. Podíamos sentir o cheiro dos massacres diários. Outras prisioneiras que trabalhavam lá nos contaram o que estava acontecendo, então sabíamos que era verdade. Os alemães, desesperados como estavam, queriam deixar para trás o mínimo possível de testemunhas; ainda estavam assassinando mulheres em 23 de abril de 1945, quando a Cruz Vermelha Sueca já libertava prisioneiras.

Certo dia, em janeiro de 1945, estávamos na fila para a chamada, como de costume, quando nos disseram que deveríamos ir para perto de outro barracão. Foi realizada uma seleção. Achávamos estar em segurança porque trabalhávamos na fábrica da Siemens – eles precisavam do nosso trabalho –, mas ainda assim tínhamos medo. Disseram-nos que as mulheres mais velhas deveriam ser enviadas para outro campo especial, onde não teriam de trabalhar. Era mentira, é claro. Mais tarde, soubemos que elas foram reunidas em Uckermark e envenenadas com gás.

Tentei seguir o conselho de Vally e ter pensamentos agradáveis, mas era difícil. Muitas de nossas amigas estavam mortas, e houve momentos em que pensei que iria morrer também. Perguntava-me ainda o que teria acontecido à minha família, mas não ousei pensar muito nisso, caso acabasse batendo com a língua nos dentes durante o sono. Cheguei a me perguntar se os alemães não haviam encontrado uma forma de descobrir o que você estava pensando. Pode parecer bobagem agora, mas estávamos tão perturbadas com tudo o que acontecia que não éramos mais capazes de pensar com clareza.

Tentei recitar poesia para me distrair. Havia um poema em inglês de Thomas Hood que aprendi na escola e adorava: "*I remember, I remember/The house where I was born/The little window where the sun/Came peeping in at morn*" (Eu me lembro, eu me lembro/A casa onde nasci/A janelinha onde o sol/Vinha espreitar pela manhã).

Ainda consigo recitá-lo de memória, e as emoções de lar e família que ele desperta foram muito importantes para mim. Na verdade, é um poema bem triste, mas não acho que pensei nisso naquela época. Encontrei conforto em sua familiaridade. Também havia poemas de Rainer Maria Rilke que eu sabia de cor e canções holandesas que cantarolava na minha cabeça para manter meu cérebro ativo e meu moral elevado. Roubei papel, anotei-os e os escondi.

Isso não foi muito difícil de fazer porque eu trabalhava com papel no escritório. Mas era perigoso. Se tivesse sido apanhada, teria sido punida e provavelmente enviada para o *bunker*. Muitas mulheres correram riscos para escrever e desenhar, o que pode parecer estúpido, mas o espírito humano precisa dessas coisas para se manter vivo – e pequenos atos de independência e resistência nos ajudaram a seguir em frente.

Minha juventude me ajudou a sobreviver, é claro, assim como minha postura. Aprendi como colocar minha preocupação de lado e manter as coisas sob controle. Desejava sobreviver; fiz tudo o que pude para que isso acontecesse. Não queria que os alemães sentissem o gostinho de me matar.

9

Meu Verdadeiro Nome:
A Libertação

Em 14 de abril de 1945, as mulheres holandesas e belgas do campo da Siemens receberam ordem de se postarem do lado de fora. Era uma bela manhã de primavera; o sol estava surgindo e começava a esquentar, por isso ser mandada para fora não era um castigo. Havia tido a experiência de viver em Ravensbrück apenas no outono e no inverno, então a perspectiva de um clima mais quente foi um alívio. No entanto, também estávamos preocupadas – qualquer coisa que se desviasse da rotina normal nos assustava.

Esperamos ao sol por alguns minutos antes que os soldados da SS nos levassem ao campo-base. Estávamos indo em direção a Uckermark, para onde as mulheres mais velhas haviam sido levadas e envenenadas com gás cerca de dois meses antes. Achei que fosse nossa vez, e os rostos pálidos de minhas companheiras de prisão revelavam que elas também acreditavam que nossa hora final havia chegado. Meu coração estava disparado. Eu morreria agora, tendo escapado da morte por tanto tempo?

Ouvimos dizer que as mulheres norueguesas e dinamarquesas tinham sido libertadas algumas semanas antes, mas seria mesmo este o caso? Tínhamos nossas dúvidas. Muitas mulheres tinham ouvido histórias de liberdade ou de um campo melhor e melhor tratamento – o que acabou não sendo verdade. Felizmente, continuamos caminhando, passando direto por Uckermark. Meus batimentos cardíacos se desaceleraram.

Chegamos ao campo-base e paramos do lado de fora de um barracão. O que deveríamos pensar? Todo mundo estava especulando. Corriam rumores de que seríamos libertadas, mas isso parecia improvável. Era melhor não ter muita esperança. Seria insuportável se esses rumores se revelassem falsos. No entanto, as mulheres belgas e holandesas tinham acabado de receber um pacote de alimentos da Cruz Vermelha pela primeira vez, e isso nos deu uma indicação de que algo havia mudado.

Estávamos todas falando ao mesmo tempo, discutindo todo tipo de cenário e tentando manter nosso moral elevado. Havia relatos de que os alemães não estavam se saindo bem na guerra, mas isso nos deixou ainda mais assustadas – eles ainda estavam assassinando mulheres todos os dias e sabíamos que não queriam deixar para trás nenhuma sobrevivente que pudesse contar sobre todas as atrocidades depois que a guerra acabasse.

"Eles vão nos matar", dizíamos umas às outras. "Eles não vão querer que o mundo saiba o que aconteceu aqui." Mas concordamos que não devíamos nos deixar matar. Não àquela altura, depois de tudo o que havíamos passado.

Tivemos de permanecer no campo-base por nove dias. Nada aconteceu. Foi um período horrível e vivíamos com medo constante de sermos arrastadas para fora e assassinadas. Pensamos que era o fim e nos conformamos com nosso destino. Afinal, não havia nada que pudéssemos fazer. Tínhamos de fazer fila para a chamada todas as manhãs e todas as noites durante nove dias, sem nenhuma finalidade. Passamos o restante do tempo zanzando por lá ou dormindo nos barracões.

Em 23 de abril de 1945, todas as mulheres holandesas e belgas foram instruídas a ficar do lado de fora após a chamada. Dirigimo-nos para a rua principal. Definitivamente, seremos executadas agora, pensamos. Tentei não demonstrar meu medo, mas não conseguia parar de tremer e estava lutando para respirar. A guarda gritou nossos números, o que não demorou tanto quanto antes, pois não restavam muitas de nós – várias tinham sido assassinadas ou sucumbido a doenças, e algumas haviam sido enviadas para outros campos. Depois disso, recebemos ordens, como sempre, de passar pelo portão de entrada em fileiras de cinco.

Estávamos provavelmente em cerca de 190 mulheres. Caminhei ao lado de minha amiga Dit Kuyvenhoven. Estávamos indo para a câmara de gás? Minha sorte acabara, afinal? Obriguei-me a continuar caminhando com a maior coragem possível e sabia que minhas companheiras fariam o mesmo. Disseram-nos para esperar do lado de fora do portão de entrada. O tempo passou, mas ainda não sabíamos o que iria acontecer. De repente, vimos um carro esporte conversível ao longe, vindo em nossa direção. Prendemos a respiração.

Para nossa grande surpresa, o carro parou ao se aproximar. Atrás do volante estava um jovem bonito. Ficamos boquiabertas. Ele saltou do carro e disse-nos que estava lá para nos libertar. Não usava uniforme. Ele se apresentou e disse que era da Suécia. Contou-nos que seu amigo, o conde Folke Bernadotte, vice-presidente da Cruz Vermelha Sueca, estava enviando alguns ônibus para nos buscar e levar para a Suécia. Isso nos pareceu estranho. Foi tão inesperado que mal ousei acreditar, mas ele estava mesmo dizendo a verdade. Mal podíamos conter nossa empolgação. Depois de todo aquele tempo, a guerra enfim parecia estar chegando ao fim e nós seríamos libertadas.

Os ônibus da Cruz Vermelha eram conhecidos como "ônibus brancos" porque eram completamente brancos, exceto por uma grande cruz vermelha na lateral – dessa forma, não seriam confundidos com ônibus militares e bombardeados. Aguardamos um longo tempo, com muita esperança de ver um dos veículos a distância. No entanto, voltamos a ficar desapontadas: os ônibus da Cruz Vermelha não chegaram.

No fim, começamos a nos perguntar se isso algum dia aconteceria. Conversamos com o sueco, que foi muito simpático, contando-lhe sobre a vida no campo. Tudo era tão extraordinário que nem nos passou pela cabeça que podíamos nos sentar; ficamos lá em pé por horas. Ele nos ofereceu chocolate e cigarros, os primeiros que fumamos desde que havíamos sido presas. Ele acendeu um para mim e pedi que me contasse o que estava acontecendo no restante da Europa.

Minha *Aufseherin*, que estava debruçada na janela de seu dormitório, escovando as botas de couro preto, avistou-me fumando e gritou para eu parar:

– *Nicht rauchen, Marga!*

O sueco disse:

– Não ligue para ela. Ela não pode lhe dizer o que fazer agora.

Foi aí que eu soube que estávamos mesmo livres.

Quando a noite caiu e ainda não havia sinal algum dos ônibus, o sueco disse que deveríamos ir dormir um pouco no campo-base. Que ideia terrível! Não queríamos colocar os pés lá nunca mais. Eu estava muito preocupada com a possibilidade de que nossa liberdade fosse uma ilusão e que voltássemos a ser presas.

Dissemos-lhe que estávamos acostumadas a trabalhar em turnos noturnos de doze horas quase sem dormir, e que queríamos ficar do lado de fora nesta maravilhosa noite de primavera, com a lua brilhante acima de nós. Ele ficou surpreso por não nos importarmos em ficar do lado de fora a noite toda, mas rimos de sua ingenuidade; ele não entendia o que havíamos passado e como era a vida no campo.

Não acho que ele tenha acreditado nas histórias que lhe contamos. Eram horríveis demais para uma pessoa normal compreender. Trabalhadores da Cruz Vermelha visitavam o campo, mas viam apenas os barracões onde as prisioneiras privilegiadas eram mantidas. Claro, eles não tinham visto nosso barracão, as câmaras de gás ou o *bunker* da solitária.

A maioria de nós ficou do lado de fora, exceto as mulheres que não estavam bem. As enfermeiras as levaram de volta ao campo-base, prometendo que voltariam para pegá-las no dia seguinte. Para o restante de nós, a noite voou e conversamos sobre todo tipo de coisa. Estávamos felizes só de ficarmos paradas ali. Por sorte, não choveu; era uma linda noite de abril, e aproveitávamos o ar fresco e o perfume da primavera.

Enquanto conversávamos, tomamos a decisão mútua de não falar sobre nossas experiências assustadoras, mas, em vez disso, olhar para o futuro, reconstruir nossa vida e sociedade. É óbvio que aquelas histórias acabavam escapando – e com razão –, mas nossa principal intenção era voltar a uma vida positiva e não perder um minuto sequer. Muito já havia sido tirado de nós. Tínhamos de nos concentrar no que poderia ser salvo e estávamos determinadas a que o restante de nossa vida não fosse definido pelas coisas horríveis que tínhamos visto e vivenciado.

Pela manhã, chegaram três caminhões militares com coberturas de lona. Algumas de nós pudemos entrar e nos disseram que os ônibus brancos da Cruz Vermelha viriam buscar todas as demais. Mais uma vez, tive uma sorte incrível, porque, três dias depois, em 27 de abril, todas as mulheres e crianças que ainda conseguiam andar foram obrigadas a deixar o campo – no que mais tarde ficou conhecido como marcha da morte. Por mais fracas que estivessem, foram forçadas a caminhar por quilômetros. Os alemães queriam destruir todas as evidências da existência dos campos de concentração, então, transportaram os prisioneiros para longe do *front* e dos Aliados. Centenas de pessoas morreram de exaustão. Quando os russos entraram em Ravensbrück em 30 de abril, restavam cerca de 3 mil prisioneiras gravemente enfermas.

Eu estava desesperada para me sentar ao lado do motorista do caminhão da Cruz Vermelha – quem sentasse no banco de trás, sob a cobertura, não teria a vista da liberdade. Uma das outras mulheres teve a mesma ideia e chegou antes de mim. Ela já tinha colocado o pé na porta ao lado do motorista antes mesmo que eu tivesse alguma chance. Fiquei furiosa. De jeito nenhum desistiria de um lugar tão importante para mim. Eu a agarrei e começamos a lutar. Isso pode parecer um ato extremo; afinal, era apenas um assento na caminhonete... Mas só as pessoas que já sofreram na prisão podem entender como estávamos desesperadas para ver a beleza natural ao nosso redor.

O motorista pôs fim à nossa luta prometendo parar depois de um tempo para que pudéssemos revezar. A outra mulher concordou, então, eu a deixei entrar. A paisagem era linda, de fato, embora pudéssemos vê-la apenas espiando por uma fenda na parte de trás da cobertura. Felizmente, eu estava na extremidade do banco, perto da abertura, e pude ver mais do que a maioria. Era tão maravilhoso que quase não acreditei nos meus olhos.

Depois de dirigir por um longo tempo, paramos em uma floresta e descemos. Recebemos pãezinhos, biscoitos e bebidas: itens que fazia meses não víamos. Narcisos e açafrões começavam a aparecer, e as árvores tinham uma folhagem verde renovada. Havia um cheiro maravilhoso de grama fresca. Tudo parecia incrivelmente lindo. Tudo o que vimos por muito tempo foi a terra cinza e a sujeira do campo de concentração. Estávamos absolutamente felizes, mas nossa provação ainda não havia acabado.

De repente, ouvimos aviões e tiros. Nosso primeiro pensamento foi de que os alemães queriam nos capturar de novo ou nos bombardear, mas logo percebemos que os aviões eram britânicos. Nosso medo se transformou em alegria, mas não por muito tempo. Eles ainda estavam tentando nos atingir; mais tarde, soubemos que os pilotos de caça da RAF pensaram que nossos caminhões estavam cheios de alemães em fuga. Os caminhões suecos tinham cruzes vermelhas como os ônibus brancos, contudo, era evidente que os alemães também usaram caminhões da Cruz Vermelha para escapar.

Nossos motoristas mandaram que deixássemos tudo para trás e voltássemos para os caminhões. Eu ainda queria sentar no assento prometido ao lado do motorista, mas a outra mulher voltou a me empurrar. Mais uma vez, brigamos pelo assento, mesmo com bombas caindo ao redor. Fiquei furiosa com a forma como ela me traíra.

Minha amiga Dit, que estava na caminhonete da frente, gritou:

– Deixe disso, Marga! Venha cá e sente-se aqui comigo.

Ela se inclinou para fora do caminhão e me puxou para dentro. Sentamos juntas na ponta do banco, perto da fenda na lona. Depois de um tempo, ela disse:

– Marga, há algo em seu cabelo.

Ela removeu o que quer que fosse – parecia parte de um olho. Estremeci e desviei o olhar. Não me lembro mais de ter ouvido a explosão, mas uma bomba havia caído no caminhão atrás de nós. O motorista e a mulher com quem eu havia lutado estavam mortos. Eu estava furiosa com ela, mas ela salvou minha vida sem saber. Pobre mulher. Como eu, desejava desesperadamente ter uma visão da liberdade, mas pagara o preço por isso com a vida – enquanto eu escapara da morte pela enésima vez.

Fomos levadas para a Dinamarca, onde gentis mulheres que haviam preparado uma refeição deliciosa para nós nos aguardavam. Estávamos exaustas, mas muito gratas por estarmos vivas, ainda mais quando soubemos que treze mulheres haviam sido mortas no bombardeio.

O jantar estava delicioso e devoramos a comida como animais famintos. Nosso estômago não estava mais acostumado a comer grandes quantidades ou alimentos tão indigestos, de modo que a maioria de nós passou muito mal. Quando mais prisioneiras chegaram, pediram às dinamarquesas que não preparassem alimentos muito pesados para o estômago. Ainda assim, estávamos gratas pela amável recepção. Já fazia muito tempo que ninguém era bondoso conosco e ficamos muito felizes com o fato de os dinamarqueses estarem nos tratando tão bem.

Após uma breve estada na Dinamarca, pegamos um barco para Malmö, na Suécia. Era um dia lindo e, quando chegamos, fomos recebidas por um grupo de suecos proeminentes e bem-vestidos, entre eles, o rei Gustaf V. Sentimo-nos péssimas em nossos trapos. Devíamos parecer órfãs e abandonadas com os poucos pertences que nos restavam. Duas das mulheres, Hetty Voûte e Annie Hendricks, carregavam uma caixa que continha o filho de Annie em seu interior. Ele tinha apenas alguns meses de vida. Ficamos no cais pelo que pareceu uma eternidade e ouvimos os discursos de boas-vindas. Era tudo muito belo, mas a única coisa que queríamos era tomar um banho e dormir um pouco.

Por fim, fomos conduzidas a um grande museu. Colchões haviam sido dispostos no chão em uma das salas. Todas as exposições, exceto as enormes estátuas e esqueletos de animais, estavam cobertas com tapetes. Em primeiro lugar, recebemos um banho deliciosamente quente, e as mulheres suecas nos esfregaram da cabeça aos pés. Ainda me lembro de como foi incrível a sensação. Então, todas as nossas roupas e pertences sujos foram levados e queimados.

Tentei dizer à mulher que pegou meus pertences para não queimar a caneta-tinteiro de meu pai; era minha única lembrança dele. Mas ela não conseguia me entender. Ela não falava holandês, inglês ou alemão, e eu não falava sueco. Ela indicou que tudo deveria ser queimado. Tentei impedir, mas era tarde demais – a caneta-tinteiro já havia sumido nas chamas com todas as roupas. Eu sabia que o fogo era necessário para destruir os piolhos, mas ainda assim chorei. Todos os riscos que eu e os outros corremos para salvar a caneta tinham sido em vão. Era muito importante para mim – não apenas porque poderia escrever com ela, mas porque me passava a sensação de ter meu pai perto de mim.

Assim que estávamos limpas, fomos levadas para outra sala, com prateleiras repletas de lindas roupas novas. Pudemos escolher algumas roupas íntimas, dois vestidos, um casaco e um par de sapatos. Escolhi um vestido estampado verde e um azul com flores, um casaco Windsmoor vermelho-papoula e um par de sapatos cinza-claros de couro de salamandra. Foi uma alegria ter coisas novas e limpas em cores maravilhosas. Também recebemos uma valise na qual poderíamos colocar os itens que não estávamos usando.

No dia seguinte, tivemos de dar nossos nomes a um membro da delegação holandesa que estava sentado atrás de uma mesa em outra sala. Eu dei o nome de Margareta van der Kuit. Uma vez que todas estavam de volta aos colchões, conversando ou dormindo, fui de novo até o homem.

– A lista de nomes vai para a Holanda? – perguntei.

– Não – respondeu ele. – A Holanda ainda está ocupada. Vai para Londres.

– Mas o correio não vai para a Inglaterra. Ainda estamos em guerra, a Holanda ainda está ocupada.

– Isso mesmo. Mas esta lista irá por correio diplomático. – Ele me olhou com curiosidade. – Por que você está tão interessada?

Hesitei por um momento e depois disse em um rompante:

– Não sou Margareta van der Kuit. Meu nome é Selma. Selma Velleman.

Não conseguia acreditar que havia dito meu nome verdadeiro em voz alta depois de todo aquele tempo. Quando fora a última vez que fizera isso? Não sabia dizer. E também não tinha certeza de ter feito a coisa certa. Nunca dava para ter certeza. Ainda ficava apavorada de que pudesse ser perigoso revelar minha identidade judaica. Mas, se houvesse uma chance de meu irmão na Inglaterra ver a lista, queria que ele soubesse que eu estava viva.

O homem pareceu surpreso, porém não disse uma palavra. Pegou sua caneta, riscou Margareta van der Kuit e substituiu o nome por Selma Velleman.

À tarde, realizamos um exame médico. Quando chegou minha vez, perguntei ao médico se havia algo em que pudesse ajudá-lo. As outras mulheres passavam o tempo todo relaxando nos colchões. Diziam que já haviam trabalhado duro o suficiente. Mas eu não conseguia ficar parada. Ainda me preocupava com ter feito ou não a coisa certa ao revelar meu verdadeiro nome e perguntava-me o que teria acontecido com papai, mamãe, Clara, Louis e David. Não queria pensar nisso. Queria ajudar e distrair a cabeça.

No dia seguinte, fomos levadas para Skatås, um pequeno campo perto de Gotemburgo, onde ficaríamos. Afinal, a guerra ainda não havia terminado oficialmente. O campo estava localizado em um vale na orla de uma grande floresta e era delimitado com tela de arame, árvores e flores. Havia cerca de cem mulheres lá, em barracões de madeira com beliches. Cada alojamento tinha cerca de doze mulheres, o que era um luxo em comparação com a superlotação de Ravensbrück.

No entanto, nem todas as minhas amigas estavam lá. Mulheres doentes eram tratadas no hospital, entre elas, Wil Westerweel e Annie Hendricks com seu bebê. Infelizmente, seu filho morreu de difteria pouco depois. Annie não tinha leite suficiente para amamentá-lo e ele não tinha força nem imunidade. Muitas mulheres morreram pouco depois de chegarmos à Suécia. Estavam debilitadas demais para se recuperar da desnutrição e dos graves maus-tratos de Ravensbrück.

A vida no campo sueco era boa, no entanto. Havia uma sauna, algo completamente novo para a maioria de nós. Foi incrível sentir o calor do vapor e ver e ouvir a água sendo despejada sobre as brasas. Passei muito tempo lá. Foi maravilhoso ficar quieta e deixar o vapor me purificar. Não podia acreditar que enfim estivesse limpa. Parecia que eu nunca mais seria capaz de lavar a sujeira e os piolhos do campo de concentração. Assim que sentia uma coceira em algum lugar, pensava que era um piolho, despia-me e tentava encontrá-lo.

O campo também tinha uma clínica própria. Podíamos visitá-la sempre que necessário, embora eu não me lembre de alguma vez ter ido ao médico. Estávamos tão acostumadas a andar com disenteria e trabalhar com resfriados, tosse, ferimentos e exaustão, que a maioria de nós nem se importou. Essa mentalidade de campo permaneceu conosco. Felizmente, eu não estava tendo tantas dificuldades com meus intestinos agora que éramos alimentadas adequadamente.

A comida era excelente. Tínhamos permissão para comer todo o pão que quiséssemos no café da manhã, com queijo, peixe e carne. O almoço era farto, com uma sopa deliciosa e mais peixes. Eu adoro doces, então gostei em especial das sobremesas. Comíamos até não aguentarmos mais, embora o consulado holandês tenha avisado os *chefs* para não nos servirem comida muito pesada, depois de tantas de nós ficarmos doentes na Dinamarca. Também recebíamos dez coroas toda semana para gastos pessoais, que podíamos usar para comprar chocolate e cosméticos na loja do campo. Quando a guerra oficialmente acabou, recebemos passes para deixar o campo e pudemos gastar nosso dinheiro na cidade.

Algumas famílias suecas, e muitos rapazes e meninos, aproximavam-se da cerca de tela. Os jornais publicaram artigos sobre as garotas e mulheres dos campos de concentração, e as pessoas queriam ver como éramos. Algumas mulheres não se aproximavam da cerca porque disseram que se sentiam como animais em um zoológico. Mas a maioria das famílias era amável e nos trazia biscoitos e chocolate, e eu adorava poder me comunicar com as pessoas.

Cheguei até a fazer amizade com uma das garotas que veio nos visitar. Ela era alguns anos mais nova do que eu e tinha aprendido inglês na escola. Embora meu inglês não fosse o mesmo de antes, passamos muito tempo conversando e, uma vez que pudemos entrar e sair do campo, ela me convidou para jantar em sua casa. Antes disso, algumas garotas já haviam feito um buraco na tela para que pudessem fugir para a cidade ou para a floresta com os meninos suecos que vinham e flertavam com a gente.

Os suecos nos inundavam de presentes, doces e gentilezas. Eu tentava dissipar todos os pensamentos negativos e aceitava tudo o que nos ofereciam, aproveitando cada dia. Estava viva. Adorei poder andar livremente na natureza, ouvindo os pássaros e contemplando as flores. O céu da primavera estava maravilhoso: azul com nuvens brancas e macias quase todos os dias. Era quase belo demais para ser verdade e parecia que estávamos de férias. Eu não dormia muito bem e tinha pesadelos horríveis, mas estava rodeada de amigas. Nenhuma delas suspeitava de quem eu era de verdade, porém isso estava prestes a mudar.

Tantas mulheres haviam sido trazidas para o nosso campo que não cabíamos todas juntas na sala de jantar, por isso o jantar acontecia em duas sessões. Uma noite, fui com o segundo grupo às sete horas. Um homem subiu no palco e perguntou:

– Tem alguma Selma Velleman aqui?

Ele fizera a mesma pergunta ao primeiro grupo, mas ninguém respondeu. Hesitei. Houve um completo silêncio na sala. Então, levantei-me e disse:

– Sim, sou eu.

Era o fim da minha identidade falsa.

– Tenho um telegrama para você.

Minhas amigas ficaram surpresas. Sem palavras, na verdade. Não só porque fui a primeira pessoa a receber correspondência – àquela altura a Holanda ainda estava ocupada e ninguém podia enviar nem receber cartas –, mas sobretudo porque perceberam que nunca haviam conhecido de fato quem eu era. Mais tarde, disseram-me como ficaram surpresas por eu ter conseguido manter meu nome verdadeiro em segredo durante tanto tempo, e foram muito gentis comigo – a reação delas foi de pura bondade.

Abri o telegrama ali mesmo. Era do meu irmão David, em Londres. A mensagem dizia: "Muito feliz em saber que você ainda está viva. Alguma notícia do papai, da mamãe e da Clara? Com amor, David".

Era maravilhoso saber que ele estava vivo – sempre imaginei que poderia ter sido capturado pelos alemães ou bombardeado em Londres, mas fiquei muito triste ao ler sua pergunta sobre papai, mamãe e Clara. David obviamente também não sabia nada sobre o destino deles.

Naquela noite, chorei e quase não preguei os olhos.

Em 5 de maio de 1945, o embaixador e cônsul holandês veio nos dizer que a guerra havia terminado; tínhamos sido libertadas. A bandeira holandesa foi hasteada e cantamos o hino nacional holandês. Comemoramos na sala de jantar com chocolates, bolos, suco de laranja e limonada.

Agora que estávamos completamente livres, comecei a fazer planos para o futuro. Uma de minhas companheiras de prisão, Bep van der Kieft, ensinara inglês em uma escola na Holanda. Perguntei se ela poderia me ensinar um pouco de inglês – conversação, acima de tudo. Já sabia que David estava em Londres, mas recebi uma carta de Louis dizendo que ele também morava lá. A ideia que tive de que David poderia ver meu nome na lista funcionara; agora os dois sabiam onde eu estava. Ambos pretendiam permanecer na Inglaterra. David ainda estava noivo de Sadie e Louis se casara com uma mulher chamada Ann em 1942. Eu esperava poder ir para a Inglaterra também e queria estar preparada. Nos dias que se seguiram, Bep e eu conversamos em inglês uma com a outra e comecei a melhorar minha gramática também.

Não tive muito tempo para praticar, pois logo em seguida o cônsul veio perguntar se Thea Boissevain e eu queríamos ir a Estocolmo para ajudar o consulado nos trabalhos administrativos relativos aos ex-prisioneiros libertos que chegavam de outros campos de concentração. Eles esperavam milhares de homens e mulheres. O cônsul sabia que havíamos trabalhado como secretárias antes de sermos presas e achou que o papel seria perfeito para nós. Claro que concordamos.

Quando cheguei a Estocolmo pela primeira vez, hospedei-me com uma senhora sueca muito simpática e seu marido holandês. Eles moravam na cidade desde antes da guerra e ela era membro da Associação Sueco-Holandesa. Deu-me várias coisas enquanto eu morava com eles, entre elas, um tecido xadrez azul para costurar um vestido. A quantidade de liberdade de que eu dispunha era incompreensível. Morava em uma casa normal em vez de um campo, fazia refeições normais e vestia roupas normais. Que extraordinária mudança! Outras mulheres e crianças holandesas de Skatås mais tarde também vieram para Estocolmo. Outros membros da Associação Sueco-Holandesa os hospedaram em suas casas. Dit Kuyvenhoven estava entre eles; ela ficou com a família de um diplomata holandês em uma formidável residência à beira de um lago. Dit e eu tínhamos permissão para usar a casa, bicicletas e barcos quanto quiséssemos. Sem dúvida, aproveitamos ao máximo. Pedalamos pelas belas trilhas e remamos até uma ilha próxima, onde fomos nadar.

Nesse meio-tempo, eu estava trabalhando para o consulado. Minha tarefa era entrar em contato com pessoas doentes no hospital, descobrir de que elas precisavam e redigir listas de necessidades. Essas listas eram então autorizadas e enviadas. Pela primeira vez em anos, voltei a receber um salário. Greet e eu retomamos contato, e eu também me comunicava com a "tia" Jo – a amiga de mamãe em Amsterdã. Elas me contaram que haviam ficado sem nada. Estavam havia meses lutando para conseguir comida ou um par de sapatos decente. Usei meu salário para comprar sapatos e meias, roupas íntimas, tecidos, agulha e linha, e café de verdade e açúcar para elas.

O embaixador holandês me chamou em seu escritório um dia e perguntou se eu conhecia um certo capitão da Marinha. Respondi que não. O embaixador me disse que o capitão apareceu com um envelope cheio de dinheiro para mim, mas não tive permissão para aceitá-lo porque afirmei que não o conhecia. Louis me revelou mais tarde que pedira ao capitão de um navio que viajava para a Suécia para me entregar o dinheiro. Se ele tivesse dito isso, eu poderia ter aceitado.

Depois de um tempo, Thea Boissevain e eu fomos transferidas de onde estávamos hospedadas para um pequeno hotel em Estocolmo, onde dividimos um quarto. Nós nos demos muito bem; fiquei feliz por podermos trabalhar e morar juntas. Vários outros holandeses também estavam hospedados no hotel e nos tornamos amigas deles também. Entre os quais, uma judia mais velha. Ela fora salva porque seu filho, que era capitão do exército holandês, conseguira arranjar um pequeno barco de pesca para levá-la à Suécia em plena guerra. As pessoas fizeram coisas excepcionais para sobreviver. Essa mulher tinha uma máquina de costura e me ajudou a confeccionar um vestido com o tecido azul que eu havia ganhado. Era maravilhoso, com uma saia longa e ampla. Não podia acreditar que tinha algo tão lindo. Usei-o em Londres por muitos anos depois.

Fiz várias viagens com minhas amigas, muitas vezes acampando ao lado de lagos maravilhosos. Só queria me divertir e esquecer a guerra. E, embora eu conseguisse aproveitar a vida na Suécia, nunca pude me livrar de um medo inconsciente – ainda não sabia o que tinha acontecido com papai, mamãe e Clara. Mesmo que suspeitasse de que tivessem sido enviados para um campo ou algum lugar pior, tentei suprimir tais pensamentos e me apeguei a uma chama de esperança.

Durante esse tempo, também conheci um rapaz alemão que era um refugiado judeu. Ele me levava ao cinema e para dançar, e passávamos os fins de semana no campo com um grupo de outros jovens. Ele me pediu em casamento, mas não me sentia pronta para isso. Minha liberdade era muito preciosa para mim e pretendia aproveitar todas as oportunidades que surgissem.

Com o tempo, os voos para a Holanda recomeçaram e tornou-se meu trabalho fazer listas de todas as pessoas que tinham permissão para retornar. Dit queria ir para casa o mais rápido possível, por isso coloquei o nome dela na primeira lista. Coert Reilinger foi outro autorizado a voltar. Eu o conhecia desde meu tempo em Haarlem, quando costumava ir às reuniões da resistência na casa de Frans Gerritsen, e o vi de novo na Suécia. Ele era um dos refugiados alemães que se juntara ao Grupo Westerweel.

Ficamos emocionados em nos ver. Coert me contou como eles estiveram ocupados criando um grupo de resistência na França depois que Bob e eu fomos detidos. Também foram presos, mas os nazistas não tiveram tempo de matar todos. Coert foi enviado para uma prisão na Alemanha, de onde foi libertado. Passamos horas caminhando, relembrando como nossas vidas haviam sido e conversando sobre o que faríamos com elas agora. Ele era um dos judeus alemães que tinham ido à Holanda antes da guerra para aprender sobre agricultura e depois trabalhar em Israel, e queria retornar o mais rápido possível.

Coloquei o nome dele na primeira lista também e combinamos de tornarmos a nos encontrar quando eu estivesse de volta à Holanda. No entanto, nunca mais nos vimos. Quando voltei, Dientje me contou que Coert morrera em um acidente de carro pouco depois da guerra, e Paula Kaufman mais tarde me disse que achava não ter sido um acidente. Ela suspeitava de que ele houvesse sido assassinado porque sabia demais.

Pouco depois de os voos terem reiniciado, minha amiga Thea também voltou para a Holanda. Nesse meio-tempo, eu estava ocupada certificando-me de que muitas outras pessoas que queriam desesperadamente voltar para casa conseguissem um lugar no avião o mais breve possível. Coloquei meu próprio nome na lista do último voo em agosto – meu irmão David disse que estaria na Holanda naquela ocasião.

Jamais me esquecerei daquele voo. Como a maioria dos ex-prisioneiros, eu nunca havia entrado em um avião antes. Quando o piloto anunciou que estávamos sobrevoando a Holanda, olhei pela janela com entusiasmo e contemplei os prados verdes da Holanda do Norte, vacas e cavalos minúsculos abaixo de mim. Parecia um milagre. Quando o piloto disse que pousaríamos em Schiphol em dez minutos, todos os passageiros aplaudiram: "Viva!".

Enfim estava voltando para casa. Fiquei contente, mas também com medo e aflita. Amsterdã – e, na verdade, o restante da Holanda – tornara-se um lugar caótico depois da guerra. Muitas pessoas que considerávamos traidores ainda ocupavam cargos governamentais, e algumas delas tinham crenças fascistas. Os alemães não nos deixaram nada – havia escassez em relação a tudo. Não havia roupas para comprar e as pessoas usavam sapatos de madeira. Quase não havia carros nas ruas e era difícil encontrar emprego. As pessoas tentavam se recompor, mas com dificuldade.

Além disso tudo, eu não tinha uma casa para a qual retornar, nem uma família. Ainda não sabia o que tinha acontecido com meus pais e Clara. Esperava encontrá-los de novo e tentei manter-me animada, mas minha chegada à Estação Central de Amsterdã foi uma grande decepção. A maioria das pessoas tinha família para recebê-las, mas não havia ninguém lá me esperando. Senti-me muito perdida, sozinha, e de repente muito judia. Era como se eu fosse uma convidada em meu próprio país, nada mais.

Havia escrito para Greet, mas ela soube que chegaríamos à estação Amsterdam-Zuid, então esperava por mim lá. Os bondes não estavam mais funcionando, e as pessoas que não tinham ninguém para buscá-las foram levadas de cavalo ou carroça. Fui a última pessoa que sobrou e dei o endereço de Greet: 44 Tweede Jan van der Heijdenstraat.

Era muito estranho estar de volta à rua onde Greet e eu nos conhecemos quando crianças. Parecia uma vida inteira atrás. Estava completamente sozinha, mas a família de Greet me acolheu calorosamente e fiquei muito grata a eles por isso. Foi muito gentil da parte deles me receberem em sua casa. Eles não apenas não tinham nada, mas o pai de Greet estava muito doente. O apartamento era pequeno, e Greet e eu tínhamos de dividir uma cama de parede bem antiga. Mas eu havia enchido a valise que me deram na Suécia com sapatos, meias, meias femininas, pulôveres e comida, então, pelo menos trouxera alguns suprimentos comigo. Greet disse mais tarde que enfim ter alguma coisa para comer e algo quente para vestir salvou a vida de seu pai. Ele já era relativamente velho, mas viveu por vários anos depois disso. Era o mínimo que eu podia fazer. Nunca me esquecerei da generosidade daquela família. Eram pessoas tão boas.

David chegou a Amsterdã naquela mesma noite. Ainda consigo vê-lo entrando no apartamento da família de Greet de uniforme. Atiramos nossos braços em volta um do outro. Que alegria estarmos reunidos! Era 31 de agosto, aniversário da rainha Guilhermina. Ele e eu fomos ao que já fora um restaurante muito bom e renomado na Kalverstraat para comemorar, mas ele não tinha muito a oferecer.

Uma certeza no cardápio era pombo, então pedimos um para cada. Que decepção! As aves eram minúsculas e estavam estorricadas, e consistiam em não muito mais do que alguns ossos que haviam sido assados muito além do ponto. Não consegui nem enfiar minha faca. Em vez disso, tomamos uma sopa seguida de duas porções de pudim com sorvete.

Compartilhamos histórias e conversamos por horas a fio. Ele não podia acreditar nas coisas horríveis pelas quais passei e ficou surpreso ao saber que eu havia trabalhado para a resistência. Sua irmãzinha! Logo ficou claro que eu tinha visto muito mais ação do que ele. Acho que ele não compreendeu por completo o que eu passei. Afinal, na época, as pessoas sabiam muito pouco sobre os campos de concentração ou os combatentes da resistência e prisioneiros políticos neles mantidos.

Ele não fez muitas perguntas, no entanto. Ninguém fazia. É possível que não quisesse reavivar lembranças difíceis e me causar dor, mas acho que era muito para todos processarem. Seja como for, eu também não tinha certeza de quanto queria falar a respeito.

Lembro-me de que ele ficou muito zangado com Bob por me deixar partir em missões perigosas enquanto ainda era tão jovem. Ele não conseguia entender que eu havia crescido – rápido – e agora era uma mulher adulta com experiência de vida real. A seus olhos, ainda era uma criança, uma irmã mais nova de quem ele precisava cuidar.

Estávamos também muito tristes; nenhum de nós sabia o que havia acontecido com papai, mamãe e Clara, e Louis ainda estava no mar. Não sabia quando voltaria a vê-lo, mas pelo menos cada um de nós sabia que o outro estava em segurança.

Não poderia ficar com a família Brinkhuis por muito tempo. Eles eram bastante pobres e alimentar outra pessoa era uma grande despesa. No entanto, o apoio que Greet me deu foi inestimável. Ouvimos boatos sobre listas que continham nomes de judeus mortos em campos de concentração. Greet foi comigo ao serviço social e examinamos as listas juntas. Encontramos os nomes de mamãe e de minha irmã: Femmetje Velleman-Spier e Clara Velleman.

Greet me abraçou com força.

Voltei à minha existência nômade e me perguntei para onde deveria ir em seguida. Minha amiga Dit estava morando com os pais em uma casa grande em Maarssen, nos arredores de Utrecht, e me convidou para ficar com eles. Os trens ainda não tinham voltado a circular, exceto os de carga, então preparei minha mala grande e entrei em um ônibus.

A família de Dit era dona de uma fazenda de frutas especializada em uvas-pretas que eram incrivelmente doces. A família era próspera, e eles eram cristãos muito rigorosos. Seu pai lia a Bíblia todas as noites antes do jantar, enquanto nos postávamos atrás das cadeiras, e orávamos antes e depois das refeições. A família toda sempre ia à igreja duas vezes aos domingos.

Todas as manhãs, seu pai batia à nossa porta; Dit e os irmãos tinham de se levantar e ajudar a colher as uvas. Eu não precisava ajudar, mas gostava de fazer isso. Tínhamos de tirar os frutos muito pequenos das vinhas para que os outros ficassem grandes e suculentos. Eram deliciosos.

Depois de uma semana, decidi que era hora de partir. Sentia que estava incomodando e não queria abusar da hospitalidade deles. Nunca me senti tão sozinha. Durante a guerra, pelo menos me ocupara e ajudara as pessoas, mas agora eu não tinha um propósito. Arrastei minha mala pesada atrás de mim e encontrei um ônibus que me levaria para Leiden. Mais uma vez, voltei para o meu passado. O apartamento onde eu morava com Antje e Mien agora era uma república de estudantes. Antje ainda estava lá, mas o lugar era administrado por minha prima Zetty e uma amiga dela – outra Selma. A filha de Zetty, Evalientje, ainda vivia com os pais adotivos na época.

Foram Bob e Dientje que me disseram que Zetty ainda estava viva. Havíamos nos escrito enquanto eu estava na Suécia, então sabia que ela estaria lá. Funcionava assim: você ouvia boatos de quem ainda estava vivo e onde eles estavam. Por sorte, Zetty e Antje tinham espaço para eu ficar, embora alguns estudantes já estivessem morando lá.

Quando cheguei, vi que bebiam chá de um maravilhoso bule de porcelana. Reconheci-o de imediato e me esforcei para conter uma risada. Durante a guerra, meu quarto ficava no último andar e, como o banheiro situava-se no andar de baixo, eu usava o bule como urinol à noite.

– Vocês não deveriam usar esse bule para tomar chá – falei. Elas responderam que era tarde demais; já o utilizavam havia meses. A água fervente deve tê-lo esterilizado!

Eu não estava hospedada com Zetty e Antje havia muito tempo quando soube que algo terrível tinha acontecido com Bob e Dientje. Quando o sul da Holanda foi libertado, dois jovens foram a Amsterdã para atirar em Bob por revelar o local da reunião da resistência em Weert. Eles foram para a casa onde ele e Dientje moravam e apontaram uma arma, mas eram tão mal preparados que erraram a mira e acidentalmente dispararam em Dientje.

Dientje mais tarde explicou como, pouco antes de tudo acontecer, ela riu e disse a eles:

– Não sejam estúpidos assim!

Dava para ver que eram apenas jovens tolos que não sabiam o que faziam. Ela acabou paralisada da cintura para baixo e teve de passar o resto da vida em uma cadeira de rodas.

Os rapazes fugiram depois de atirarem nela. Bob chamou uma ambulância e a polícia prendeu os dois culpados. Os testemunhos dos jovens expuseram a história sobre as informações que Bob havia fornecido aos alemães. Quando o norte da Holanda foi libertado em 5 de maio de 1945, Bob foi preso como traidor e encarcerado em um campo de concentração em Limburg. Fui ver Dientje; ela me contou que as alegações eram verdadeiras. Até então, não tinha acreditado em uma palavra sequer. Mas não podia simplesmente abandonar Bob e estava determinada a visitá-lo.

Zetty me contou sobre um fazendeiro que viajava para o sul do país a cavalo e de charrete algumas vezes por semana. Combinei de ir com ele, e o fazendeiro me disse onde eu deveria esperá-lo às oito horas da manhã seguinte. Enquanto aguardava, outra viajante se aproximou. Era – por uma incrível coincidência! – minha prima Klaartje van Frank, de quem eu herdava as roupas quando criança.

Nenhuma de nós sabia que a outra estava viva e nos abraçamos e choramos de alegria. Klaartje me disse que ela e os pais tinha se escondido em Limburg e que conhecera um soldado judeu americano depois da guerra. Os dois ficaram noivos e ela estava indo visitá-lo naquele dia. Alguns meses depois, eles se casaram e se mudaram para Nova York, onde ela vive ainda hoje, com mais de cem anos!

Quando cheguei a Limburg, Bob estava em estado lastimável, o que não era de admirar. Havia tantos traidores reais – homens e mulheres que se aliaram aos nazistas e traíram judeus e membros da resistência –, e Bob ficou encarcerado no mesmo campo que eles. Ele tinha de viver e dormir ao lado deles, embora representassem tudo o que ele desprezava e tudo contra o que lutara tanto.

Depois que Bob foi preso, uma multidão em Weert o conduziu em uma carroça com uma placa em volta do pescoço com a palavra "traidor" escrita nela. Aquele era o homem que colocara a vida em risco para salvar inúmeras pessoas. Ele salvara a minha vida ao encontrar um esconderijo para mim em Leiden, e eu também fui poupada porque ele forneceu informações aos alemães – Jan e eu teríamos sido executados se ele não o tivesse feito.

Bob parecia horrível. Ficou claro quanto ele sofria com as acusações. Dirk Kraayenhof de Leur, o irmão de Jan – que fora preso comigo e com Bob –, visitava-o no mesmo dia. Ele me contou que Jan morrera quando o campo de concentração em que estava – Neuengamme – fora libertado em 1945. Os Aliados bombardearam o navio em que ele e todos os outros ex-prisioneiros estavam, pensando que estava cheio de alemães em fuga.

Dirk e eu viajamos de volta para casa depois dessa triste visita. Foi um momento difícil. Isso não quer dizer que eu também não tenha tido experiências positivas na república de estudantes em Leiden. Fiz amizade com um jovem que vivia na Indonésia durante a guerra e estivera em um campo de prisioneiros japonês. Ele pegou malária lá e ainda era acometido pela doença. Adorava conversar com ele. Ele estudava antropologia e me inspirou a buscar os estudos também.

Havia outro jovem lá chamado Arnold Cats, ou Nol, para abreviar. Nós nos apaixonamos. Ele estudava medicina em Leiden, era cheio de vida e sempre contava piadas. Era exatamente do que eu precisava. Divertimo-nos muito juntos.

No entanto, o futuro permanecia incerto e percebi que queria um rumo mais definido. Em novembro, recebi uma carta do Ministério da Guerra holandês, dizendo-me para me apresentar a eles para que pudesse voar para Londres. Essa oportunidade surgiu porque David trabalhava no Ministério da Defesa em Londres. Foi a primeira vez que ouvi sobre isso – David tinha organizado tudo, mas não me dissera nada. Eu tinha sentimentos conflitantes a respeito. Meus irmãos estavam na Inglaterra e eu queria desesperadamente voltar a fazer parte de uma família, mas ao mesmo tempo não queria deixar Leiden, porque havia me apaixonado. No entanto, a carta era mais ou menos uma ordem, então, eu não podia recusar. A única coisa que pude fazer foi prometer a Nol que escreveria para ele.

10

Levando a Vida:
Londres

Cheguei ao Ministério da Guerra holandês em Haia em 14 de novembro de 1945. Fui levada de carro até o aeroporto, onde um sargento me recebeu e me acompanhou até um pequeno avião militar que me levou para Croydon. Naquela época, não havia voos civis para a Inglaterra.

David aguardava por mim quando cheguei, junto com o adido cultural da embaixada holandesa e uma jovem tenente holandesa chamada Angelique. Sua função era cuidar de mim. Primeiro, tive de me consultar com o médico oficial da embaixada. Ele me examinou e fez várias perguntas sobre minha saúde. Em seguida, fomos de carro até um quarto em West London que David havia alugado para mim. David tinha de voltar ao trabalho depois disso, então, fui deixada completamente sozinha.

A senhoria era muito simpática, mas eu não conseguia entender tudo o que ela dizia. Ela me mostrou onde ficava o banheiro. A única coisa que eu desejava era mergulhar na banheira por horas, mas quando fiz isso a senhoria ficou tão preocupada que ligou para o meu irmão – ela pensou que eu nunca mais sairia de lá!

Louis e eu nos reencontramos alguns dias depois, o que foi uma alegria. Nós cinco saímos para jantar: David e sua noiva, Sadie; Louis e sua esposa, Ann; e eu. Foi ótimo rever meus irmãos e estarmos juntos novamente, mas também me senti perdida. Louis e David tinham ambos construído uma existência para si próprios na Inglaterra; haviam tido a possibilidade de continuar vivendo a vida deles. Eu, por outro lado, sentia-me como se minha vida tivesse sido interrompida e eu precisasse recomeçar do zero, sem Clara, papai e mamãe. Tive até de deixar o amor para trás na Holanda.

Consegui um emprego como secretária no atendimento médico – no mesmo prédio em que David trabalhava. Todos eram muito simpáticos; os soldados e oficiais me traziam cigarros e outros presentes. No entanto, não ficava particularmente ocupada e logo me senti entediada, ainda mais porque tivera muito o que fazer durante a guerra. Minha única tarefa era garantir que os prontuários médicos dos jovens em treinamento para se tornarem oficiais estivessem disponíveis, caso o médico os solicitasse. Após o treinamento, os homens eram enviados à Indonésia para lutar uma batalha perdida contra o movimento de independência.

Os arquivos eram mantidos em um grande armário, que apenas o médico e eu podíamos acessar. É provável que pensassem estar me fazendo um favor ao me atribuir um serviço fácil, e que estava acostumada a manter arquivos confidenciais graças ao meu trabalho durante a guerra. Mas precisava me manter ocupada para evitar a depressão. Sentia-me só, e o que havia perdido começou de fato a ser assimilado. Sentia saudades de meu lar e de papai, mamãe e Clara. Estava sempre à beira das lágrimas. Precisava ficar lembrando a mim mesma: "Você tem sorte de estar viva e estar em Londres. Outras garotas dariam qualquer coisa para estar no seu lugar".

No entanto, havia momentos em que tudo o que eu conseguia fazer era chorar, e tinha dificuldade para dormir. Não sabíamos o que havia acontecido com papai naquele momento, mas saber que Clara e mamãe haviam sido assassinadas era simplesmente insuportável.

O inverno veio e se foi. Minha primeira primavera em Londres chegou. Em abril de 1946, foi organizado para os militares um jantar de Páscoa, do qual participei como convidada de David. Sentei-me em frente a um sargento do exército britânico, Hugh Cameron. Ele era um judeu alemão que fugira para a Inglaterra antes de a guerra estourar e, na verdade, chamava-se Hans Kalman – tivera de mudar o nome por causa de sua posição. Sua função como intérprete de alemão era procurar determinar durante entrevistas se os soldados da Holanda ou de outros países europeus eram na verdade soldados inimigos alemães. Sua mãe e irmã mais velha haviam ficado para trás em Berlim e foram assassinadas.

Tínhamos muito em comum e era bom conversar com alguém sobre minhas experiências na guerra. O fato de que ambos tivemos de adotar novos nomes para sobreviver à guerra possibilitou a criação de um vínculo. Sempre o chamava pelo nome verdadeiro: Hans. Ele era um sujeito brincalhão, e minha vida pareceu ter readquirido um pouco de leveza. Começamos a nos ver, mas logo ficou claro que suas piadas mascaravam uma profunda tristeza. Ele, assim como eu, estava em frangalhos e eu não podia ajudá-lo. Não me fazia bem estar na companhia dele então rompi o relacionamento depois de dois anos. Mantivemos contato, e ele se tornou um bom amigo da família – era padrinho dos meus sobrinhos –, mas passou o resto da vida atormentado pela depressão.

Foi mais ou menos nessa época que descobrimos o que havia acontecido com papai. A Cruz Vermelha havia elaborado listas e nossos piores temores foram confirmados: papai tinha sido assassinado em Auschwitz em dezembro de 1942.

David morava perto de mim na época e costumava aparecer à noite. Em uma ocasião, ele bateu à minha porta por volta da meia-noite e me ouviu chorar. Veio se sentar comigo e disse que os pais de todos morrem e que eu não poderia continuar daquele jeito. Aquilo era verdade, mas nem todos os pais morrem daquela maneira.

As pessoas ao meu redor pareciam pensar que era melhor não conversar sobre tudo o que havia acontecido. Se falavam sobre a guerra, era a respeito do bombardeio de Londres. Foi algo terrível também, mas ninguém compreendia como tinha sido a vida na Holanda durante a guerra. Ou em um campo de concentração. A maioria das pessoas com quem morei ou trabalhei nunca havia vivenciado a experiência de estar em um país ocupado e não conseguia imaginar as coisas que vi e pelas quais passei. As histórias sobre os campos de concentração não tinham vindo à tona de fato, e também não havia muitas fotos deles. As pessoas tinham apenas uma vaga ideia do que havia acontecido. Ninguém fazia perguntas, então eu não tocava no assunto. Achei que seria melhor se os outros não soubessem das atrocidades que presenciei. Afinal, nossa tarefa agora era criar um mundo novo e pacífico.

Lutei para permanecer positiva durante aqueles primeiros meses em Londres e muitas vezes me sentia deprimida. Precisava de tempo para lamentar o que havia perdido antes de começar a construir uma nova vida para mim. Continuava me sentindo terrivelmente sozinha.

Com frequência, perambulava pelas ruas. David havia me dito onde eu poderia ir para fazer uma refeição barata e, depois de comer mais uma vez sozinha uma noite, caminhei pelo Soho. Estava olhando para a vitrine de uma loja cheia de roupas íntimas muito *sexy* quando um homem bem-vestido me abordou. Ele fez todo tipo de perguntas. De onde eu viera? Onde estava morando? Então, ele disse:

– Você não pertence a este lugar. Você deve ir para casa.

Ele me pegou pelo braço e me acompanhou até a estação de metrô Piccadilly Circus. Quando mencionei o ocorrido a David, ele me contou que o Soho era o "bairro da luz vermelha". Nunca tinha ouvido falar de tal coisa.

Minha vida enfim mudou para melhor. Eu falara sério quando minhas amigas e eu estávamos esperando os ônibus da Cruz Vermelha do lado de fora do portão de entrada para Ravensbrück: não contaríamos ao mundo sobre as atrocidades que havíamos experimentado; em vez disso, nós as deixaríamos para trás e não perderíamos nem mais um segundo de nossa preciosa vida.

Um dia, Angelique – a tenente holandesa cuja função era cuidar de mim – perguntou se eu gostaria de sair com ela para dançar. Falei que sim. Fomos ao clube do Ministério da Defesa. Eu me diverti muito e logo se tornou um programa regular. Ela vestia seu melhor uniforme e me emprestava o seu de uso diário. Foi lá que ouvi falar do Clube Internacional da Amizade e decidi comparecer uma noite para dar uma olhada. Quando me apresentei na recepção, disseram-me que havia outra holandesa que também era membro.

– Se você aguardar até por volta das sete horas, ela estará aqui.

Eu aguardei, e ela veio. Passamos a noite toda juntas e nos tornamos grandes amigas. Ela trabalhava para a seção holandesa da BBC. Alguns meses depois, disse-me durante o almoço que havia conseguido um novo emprego nas Nações Unidas e sugeriu que eu assumisse seu trabalho na BBC. Conheci o chefe da seção holandesa e consegui o emprego. O salário era um pouco menor do que eu ganhava na época, mas fiquei emocionada com a perspectiva de trabalhar para o programa *Radio Oranje*. Eu o ouvia às escondidas durante a guerra com Wil, meu primeiro namorado, em um tapete no sótão em Leiden.

Durante a Segunda Guerra Mundial e até 1954, os canais estrangeiros da BBC eram sediados na Bush House, um edifício em forma de meia-lua no centro de Londres. Jornalistas, escritores e artistas trabalhavam lá. Muitos deles eram refugiados de toda a Europa. Havia uma atmosfera muito inglesa, educada e simpática. Todos eram gentis uns com os outros. Várias pessoas acabaram se casando com colegas.

Cada seção possuía um chefe de departamento, vários jornalistas e funcionários de escritório. A seção holandesa dispunha de três salas, com móveis marrons antigos. Uma sala era destinada aos chefes de departamento, outra aos jornalistas e a terceira a nós. Quatro ou cinco de nós ocupávamos aquele espaço, cada qual em sua própria mesa, e trabalhávamos todos em turnos. Fazíamos três transmissões ao dia: de manhã, à hora do almoço e à noite. Tinha de haver pelo menos dois de nós a postos o tempo todo. Além de digitar e traduzir os roteiros, eu também realizava gravações no estúdio sempre que a voz de uma jovem holandesa era necessária.

Assim que me sentei à minha mesa no meu primeiro dia na Bush House, uma garota veio até mim.

– Você é holandesa, não é? É nova aqui? Você se importaria de tomar um café comigo na cantina? – ela perguntou.

Fiquei agradavelmente surpresa. Ela se apresentou como Jane Monnickendam. Fomos beber juntas, e ela se tornou uma grande amiga. Jogávamos tênis juntas ou saíamos. Seus avós eram holandeses e seus pais sempre me convidavam para ir a sua casa. Lotte Fleming, que trabalhava para a seção austríaca, muitas vezes também se juntava a nós. Seu pai era um refugiado judeu alemão e a mãe também era alemã, mas não judia. Eles haviam fugido pouco antes do início da guerra.

Lotte tinha dois irmãos, um dos quais se chamava Peter e era fotógrafo da Kodak. Os três moravam juntos em uma casa grande e maravilhosa, não muito longe dos pais, e tinham uma criada que cozinhava para eles e realizava o serviço doméstico. Lotte era amiga íntima de um jornalista austríaco de sua seção, Fritz, com quem se casou mais tarde. Ela, Fritz, Peter e eu costumávamos jogar tênis juntos nas quadras da BBC perto de Wimbledon. Também saíamos juntos, e Fritz e eu dormíamos na casa dos Fleming. Estávamos apaixonados: Lotte por Fritz e eu por seu irmão, Peter.

Peter e eu passamos vários meses formidáveis juntos, mas nosso relacionamento não durou. No último dia dos Jogos Olímpicos, em agosto de 1948, fomos todos convidados para uma grande festa, na qual bebemos vinho e nos divertimos muito. No fim da noite, Peter e eu éramos quase os últimos por lá ainda, curtindo e nos beijando em um canto. De repente, ele sussurrou em meu ouvido:

– Por favor, me diga que você não é cem por cento judia.

Fiquei surpresa. Não acho que ele fosse antissemita – afinal, era metade judeu por parte de pai. Talvez ele tivesse a ideia de construir para si uma vida nova e não queria filhos judeus, mas fiquei consternada e enojada com o que ele havia dito.

– Pode apostar que sou – respondi.

Levantei-me e fui para casa. Foi o fim do nosso relacionamento amoroso. Havia terminado com ele.

Alguns anos depois, meu marido e eu estávamos no teatro. Quando nos levantamos no intervalo, notei que Peter estava no assento atrás de mim. Lancei-lhe um meio sorriso, mas, fora isso, o ignorei.

O outono chegou. Estava ocupada no trabalho, do qual gostava muito. Já morava em Londres fazia três anos. Embora ainda fosse acometida por períodos de melancolia, eles não me derrubavam com tanta frequência como antes. Até sobrevivi ao inverno – a escuridão, o frio e meus problemas de estômago, que persistiam. Conheci outras mulheres holandesas que trabalhavam na BBC e também nossos colegas flamengos. Os funcionários holandeses e flamengos costumavam tomar café e fazer as refeições juntos na cantina. Um deles me chamou a atenção, um jornalista flamengo chamado Hugo, que era alto e bonito, com cabelos louros encaracolados. Ele sempre carregava um livro debaixo do braço.

Em 7 de junho de 1949, estava almoçando sozinha na cantina quando Hugo perguntou se poderia se juntar a mim. Depois de um tempo, ele me disse que tinha dois ingressos para uma pré-estreia de um filme naquela tarde e perguntou se eu gostaria de ir com ele. Isso não era nada incomum. Os jornalistas que escreviam sobre arte, teatro e cinema sempre ganhavam dois ingressos reservados para a imprensa e com frequência nos pediam que os acompanhássemos. Eu lhe disse que estava no turno da manhã e estaria livre às duas horas.

Nesse momento, um jornalista inglês chamado Charles se aproximou e sentou-se conosco. Ele também disse que tinha dois ingressos para um filme e queria saber se eu gostaria de ir com ele. Era o mesmo filme. Eu lhe disse que já tinha combinado de ir com Hugo, mas perguntei se ele gostaria de se juntar a nós. Então, nós três acabamos indo juntos, e eu me sentei entre os dois. O título do filme era *Marry Me!* (Case Comigo!).

Depois do filme, Hugo perguntou se eu queria jantar em um restaurante próximo. Concordei, mas, quando estávamos indo embora, Charles perguntou a mesma coisa.

– Hugo acabou de me perguntar isso – respondi, então o convidei para vir conosco. Ele recusou. Hugo e eu fomos a um grande restaurante chinês. Ele pediu uma garrafa de vinho e fizemos um brinde a uma refeição deliciosa.

– Isto é ainda mais especial para mim – confidenciei –, porque hoje é meu aniversário.

Sentira uma vaga melancolia o dia todo. Os adultos holandeses dão mais importância a seu aniversário do que os ingleses, mesmo que não haja uma comemoração especial. Fiquei satisfeita por ter recebido alguns cartões de amigos e conhecidos da Holanda. Hugo compensou pedindo champanhe e me parabenizando.

Enquanto comíamos, compartilhamos histórias sobre nossas experiências de guerra. Hugo vinha de uma respeitada família flamenga; seu pai, que era médico, fundara o jornal *De Standaard*. Os alemães fizeram de reféns uma dezena de jovens de famílias católicas proeminentes para coagir os parentes a apoiá-los, Hugo estava entre eles. Os reféns foram bem tratados e libertados pouco tempo depois. No entanto, Hugo envolveu-se com a resistência belga. Ele foi preso e advertido de que não seria solto se isso acontecesse uma segunda vez.

Depois disso, ele fugiu para a França, atravessou o país a pé e chegou à Espanha pelos Pirineus. Uma vez lá, foi preso no campo de refugiados espanhol de Miranda de Ebro. Foi libertado em janeiro de 1943, doente e exausto, e voou para a Inglaterra. Depois de passar alguns meses trabalhando como jornalista *freelancer*, ele acabou na BBC. Retribuí contando-lhe minhas experiências. Não pude falar tudo, porque havia algumas coisas sobre as quais eu simplesmente não falava, mas foi bom poder conversar um pouco a respeito do que passei. Quando terminamos a refeição, Hugo me levou para casa antes de voltar para a dele, que não ficava longe da minha.

Tornou-se um agradável hábito: Hugo me acompanhava até em casa depois do trabalho. Ele costumava me visitar no albergue onde estava hospedada e nós nos sentávamos na sala com minhas colegas. Ele trazia consigo bebidas e bolo, e todas o adoravam. Os homens só podiam entrar no saguão, no entanto, e tinham de ir embora às dez horas. Ele retornava todas as noites e colocava um poema na caixa do correio, que eu lia na manhã seguinte. Tenho uma caixa cheia desses poemas, escritos em holandês ou francês.

Era o auge do verão e o tempo estava maravilhoso. As meninas e eu íamos nadar no Serpentine Lido, no Hyde Park, e Hugo se juntava a nós. Muitas vezes, íamos ao cinema, teatro ou restaurante, e ele sempre me levava para casa depois. Nunca tive de voltar sozinha.

Nesse meio-tempo, eu também estava tendo aulas noturnas de inglês e antropologia na politécnica de Highgate, e acabei estudando sociologia e antropologia na London School of

Economics. Depois disso, me formei como professora e ensinei matemática em várias escolas antes de terminar na Sacred Heart High School em Hammersmith, onde me pediram que implantasse o Departamento de Sociologia.

Meu nome mudou mais uma vez em 1955, mas dessa vez por um motivo alegre. Hugo e eu nos casamos no dia 15 de novembro daquele ano e me tornei uma Van de Perre. Mas ainda era Selma. Sempre conservei o nome Selma. Usei um vestido de tricô vermelho. Foi muito ousado para aquela época! Tínhamos uma boa vida juntos. Minhas experiências de guerra ficaram para trás, mas sempre permaneceram lá. Hugo me contou que às vezes eu falava ou gritava durante o sono, embora em geral não me lembrasse de nada pela manhã. Durante a guerra, fiquei muito preocupada em revelar quem eu era de fato falando durante o sono, mas ninguém nunca me disse que eu fazia isso. Talvez, de forma inconsciente, eu me sentisse em segurança dormindo ao lado de Hugo, então, era capaz de lidar com meus medos e experiências em meus sonhos. Poder falar sobre eles também ajudou. Aos poucos, contei-lhe tudo, muitas vezes quando conversávamos com amigos. Não lhe contei sobre o que aconteceu com o oficial austríaco no exército alemão, no entanto – não achei que ele quisesse saber sobre isso.

No ano seguinte ao nosso casamento, quando minha menstruação não desceu, não dei muita atenção. Meu ciclo nunca foi regular depois do período que passei no campo de concentração, e ainda tinha problemas com meus intestinos. Além do mais, os médicos sempre disseram que era improvável que eu pudesse ter filhos. No entanto, como desenvolvi outros sintomas, fui fazer um *check-up* com o médico e ele me disse que eu estava grávida. Mal pude acreditar!

Nosso filho Jocelin nasceu em 23 de junho de 1957. Tivemos uma vida maravilhosa, primeiro nós dois, depois os três. Hugo talvez não fosse perfeito, mas era o homem perfeito para mim. Depois dele, eu não quis compartilhar minha vida com mais ninguém. Por meio de seu trabalho, fui convidada para inúmeras festas e recepções, fui a incontáveis estreias de filmes e peças de teatro, visitei exposições, viajei por toda a Grã-Bretanha e conheci várias pessoas fascinantes, entre elas, Charlie Chaplin e a atleta holandesa Fanny Blankers-Koen, quando acompanhei os Jogos Olímpicos em nome da BBC. Fui convidada ao Palácio de Buckingham e à 10 Downing Street.

Hugo faleceu em 28 de agosto de 1979, após menos de uma semana doente. Ele tinha um tipo de câncer que os médicos descobriram tarde demais. Os jornais holandeses e belgas para os quais Hugo escrevia perguntaram se eu gostaria de assumir parte de seu trabalho jornalístico. Eu quis. Passei vinte anos como correspondente, escrevendo sobre eventos artísticos e culturais para a *AVRO/Televizier* na Holanda e para jornais e televisão belgas. Tive uma vida rica e, embora agora tenha 99 anos, ainda jogo golfe e *bridge*, faço aulas de pintura e viajo para o exterior para visitar amigos e familiares.

11

Relembrando os Mortos

Embora não tenha permitido que minhas experiências de guerra ditassem minha vida, é inevitável que elas continuem a desempenhar um papel importante. Depois de todos os riscos que meus colegas de resistência e eu corremos, tínhamos um vínculo forte e mantivemos contato. A guerra teve um efeito duradouro na vida de todos nós.

Sete ou oito meses depois de minha chegada à Inglaterra, Bob foi julgado por traição. Fui convocada para depor e voltei para a Holanda. Dei meu testemunho com Frans Gerritsen e o irmão de Jan, Dirk Kraayenhof de Leur. Todos nós dissemos como Bob era maravilhoso e falamos sobre o trabalho incrível que havia realizado. Para nossa grande alegria, ele foi solto, mas infelizmente a história não tem um final feliz.

Depois que Dientje recebeu alta do hospital, Bob ficou com ela por um longo período para lhe prestar assistência, mas o casamento deles não resistiu ao teste do tempo. Dientje ficou muito ressentida. Mais tarde, ela me disse que nunca perdoara Bob por trair as pessoas que foram assassinadas no convento e pelo fato de sua vida estar arruinada. Ela também estava ressentida pelo tiro tê-la deixado paralítica e incapaz de ter filhos. Os tentáculos da guerra se estenderam e estrangularam o amor e o comprometimento que essas duas pessoas haviam compartilhado.

Bob e eu continuamos amigos, e Dientje não quis me ver por muito tempo por causa disso. Passados alguns anos, mandei-lhe um buquê de flores por ocasião de seu aniversário e nos reconciliamos. Ela me enviou uma carta adorável agradecendo-me pelas flores e me convidou para uma visita quando eu fosse à Holanda.

Bob acabou se casando de novo e teve duas filhas. Ele me visitou na Inglaterra, e ele e Hugo se deram muito bem. Cada vez que estava em Londres a trabalho, ele nos visitava, e nós três saíamos para comer ou ir ao cinema. Ele também adorava Jocelin e foi ao funeral de Hugo. Dientje viveu mais do que Bob e chegou à casa dos 80 anos, muito mais do que os médicos haviam previsto.

Algumas histórias de outros colegas são mais reconfortantes. Paula Kaufman mudou-se para Israel depois da guerra e procurei por ela. Paula era uma mulher incrível. A última vez que a vi foi em Haarlem. Depois de deixar a Holanda em 1944, foi morar em um apartamento em Paris que era usado por membros da resistência holandesa. Nascida na Polônia, vivera em Viena desde a juventude e falava alemão com fluência, o que lhe possibilitou conseguir um emprego como secretária do diretor do Departamento de Construção da Gestapo na capital francesa. Tal função lhe deu acesso a muitas informações valiosas, que ela foi capaz de transmitir para a resistência, mas no fim foi traída por pessoas que considerava serem suas amigas e acabou em Bergen-Belsen.

Após a guerra, ela se voluntariou como enfermeira – de fato, era uma mulher de múltiplos talentos – e viajou pelos campos de refugiados na Europa à procura da mãe. Por incrível que pareça, ela a encontrou – uma história extraordinária de determinação, instinto de sobrevivência e sorte.

Às vezes, eu também via Antje Holthuis. Em 1982, passei alguns dias em sua casa e fizemos longos passeios de bicicleta juntas. Em uma dessas excursões, ela me perguntou o que eu me lembrava de nossas experiências do período da guerra e compartilhamos muitas lembranças. Ela queria redigi-las para os filhos, porque eles tinham muitas perguntas. Depois de um longo período querendo esquecer e olhar para a frente, era chegada a hora de recordar e olhar para trás. Ela acreditava que devíamos contar nossas histórias – para pessoas que não faziam parte da família e também para círculos de amigos.

Também visitei Mien Lubbe, mas sua história é mais trágica. Ela sempre tivera problemas com as pernas – mesmo durante o tempo que passamos em Leiden – e mancava. Na verdade, ela tinha câncer nos ossos. Wim Storm recomendou uma amputação, mas durante muitos anos ela se recusou a fazê-la. Em 1946, Wim perguntou se eu queria visitar Mien em seu quarto em Amsterdam-Zuid. Levei-lhe uma grande caixa de chocolates Droste, embora fosse muito difícil encontrá-los nas lojas. Àquela altura, ambas as pernas de Mien haviam sido amputadas e ela passava o dia todo em uma cadeira. Senti-me realmente condoída. Ela deveria receber próteses para as pernas, mas tanta gente havia deixado os campos de concentração doentes e feridas, que os hospitais ficaram superlotados e faltavam médicos. Ela teve de esperar bastante tempo antes que pudesse enfim tê-las.

Essas pessoas corajosas sempre estarão em meus pensamentos e em meu coração. Em 5 de fevereiro de 1985, Mien e Antje entraram para o rol dos reconhecidos como Justos entre as Nações pelo Yad Vashem, o memorial oficial em honra às vítimas do Holocausto estabelecido por Israel em 1953. Greet Brinkhuis e seus pais, Cornelia e Cornelis, também foram homenageados por me oferecerem abrigo, ajuda e apoio. Greet continuou sendo uma amiga querida até sua morte em 2003.

Todas essas pessoas fizeram coisas extraordinárias para ajudar a mim e a outros judeus. Quaisquer que sejam os caminhos que nossas vidas tomaram depois, o vínculo entre nós nunca será quebrado. Embora estivesse determinada a olhar para a frente e não deixar o que os nazistas haviam feito arruinar minha vida, sempre carreguei essas pessoas e minhas experiências de guerra comigo.

Em 29 de junho de 1983, em nome da rainha Beatriz, o embaixador holandês em Londres me agraciou com a Cruz do Memorial da Resistência 1940-1945, uma honraria para os combatentes da resistência durante a Segunda Guerra Mundial. Tenho muito orgulho dessa honrosa distinção e do meu trabalho durante a resistência, mas jamais me esquecerei de que fui apenas uma das muitas pessoas que lutaram contra a desumanidade e fizeram de tudo para salvar o maior número possível de pessoas.

Minha família está presente em meus pensamentos todos os dias. Perder papai, mamãe e Clara ainda é a coisa mais chocante que já me aconteceu. Saber como foram assassinados é pior do que tudo o que vivenciei durante a guerra, incluindo o período que passei em Ravensbrück. Apesar de ter sido capaz de levar uma vida feliz e plena com meu marido e filho amorosos, nunca me recuperei dessa perda. Há um buraco devastador dentro de mim que nunca vai se curar.

Reconstituo o que lhes foi infligido nos mais angustiantes detalhes. Pergunto-me se mamãe ou Clara sabiam o que estava acontecendo: aquelas duas meigas e inocentes pessoas que nunca fizeram mal a ninguém. Fico imaginando se elas se deram as mãos quando morreram, e se papai pensou em nós em seus segundos finais, ou se o pânico era demasiado para ser capaz de pensar em qualquer coisa. Tirar o direito de alguém a uma morte natural é verdadeiramente desumano. Ainda agora, 76 anos depois, fico acordada à noite e repito para mim mesma: "Selma, durma um pouco. Pensar sobre isso não a fará mudar o que aconteceu".

Embora eu tenha retornado a Ravensbrück várias vezes, nunca pude suportar a ideia de ir para Westerbork, Auschwitz ou Sobibor. Estar nos lugares onde papai, mamãe e Clara passaram seus últimos dias antes de serem assassinados seria pesado demais para mim.

Tenho consciência de que aquilo aconteceu, mas ainda me esforço para compreender até onde algumas pessoas estão dispostas a ir para roubar a vida de outras das maneiras mais monstruosas. Ao participar de cerimônias e ao falar sobre o Holocausto, encontrei uma maneira de lidar com isso.

Todo mês de abril eu viajo para Amsterdã para uma cerimônia anual na Museumsplein (Praça dos Museus), onde deposito flores no monumento em nome do Comitê Ravensbrück Holandês para lembrar todas as corajosas mulheres que foram assassinadas. Então, passo uma semana em Ravensbrück conversando com professores holandeses recém-formados, para que possam transmitir essas histórias para as gerações futuras. Acho tudo isso muito comovente. No fim da semana, é realizada uma cerimônia no monumento de lá e jogamos rosas no lago – o Schwedtsee – que contém as cinzas de tantas mulheres e crianças. A primeira vez que retornei – em 1995, cinquenta anos após a libertação – foi muito difícil. Mal dormi por noites a fio. Agora estou mais acostumada, mas nunca será fácil.

Em certo ano, em uma viagem de regresso, um dos alunos havia escrito um poema sobre as botas pesadas dos alemães e me pediram que o lesse em voz alta. Aquilo me transportou de volta àquela noite antes de decidir que mamãe, Clara e eu deveríamos nos esconder – quando Clara e eu deitamos na cama e ouvimos os alemães invadindo o apartamento de nossos vizinhos. Foi uma experiência tocante e achei muito difícil ler as palavras. Mas consegui, e disseram-me que o fiz lindamente.

Depois de Ravensbrück, sempre volto à Praça Dam de Amsterdã para o Dia em Memória das Vítimas, em 4 de maio. Deposito uma coroa de rosas brancas e vermelhas para homenagear as vítimas, como sobrevivente e representante do campo de concentração de Ravensbrück. O evento é sempre muito emocionante. Prestamos homenagem a todos os que foram assassinados. Em 4 de maio de 2019, com Katinka Jesse, filha mais nova de Bob, coloquei uma coroa de flores como Selma, uma combatente da resistência e sobrevivente do Holocausto.

Celebramos a libertação no dia 5 de maio.

Sou uma dentre os poucos judeus holandeses sobreviventes da Segunda Guerra Mundial. Esta é a história de como eu, uma judia de 20 anos, acabei na resistência e por fim fui presa e encarcerada como não judia no famigerado Ravensbrück, o único campo de concentração exclusivamente para mulheres.

Em nenhum outro país da Europa Ocidental a perseguição aos judeus foi levada a cabo de forma tão eficiente e teve um número de mortos tão alto quanto na Holanda. Pelo menos três quartos da população judaica foram assassinados, incluindo meu pai, minha mãe, minha irmã Clara, minha avó, tias, tios e primos.

Eu fui uma dentre muitos judeus que lutaram contra o regime nazista, e minha história é um exemplo do que aconteceu a milhares de judeus e não judeus. Neste relato pessoal, registrei os pequenos detalhes de nossas vidas, a pura sorte que salvou alguns de nós e as atrocidades que ceifaram a vida de tantos outros. É uma homenagem a todos os que sofreram ou morreram, e uma homenagem aos meus bravos amigos e colegas da resistência que arriscaram a própria vida tentando salvar outras pessoas. Éramos indivíduos comuns imersos em circunstâncias excepcionais. Este livro serve como testemunho de nossa luta contra a desumanidade. As atrocidades da Segunda Guerra Mundial e os corajosos atos das pessoas que as desafiaram jamais devem ser esquecidos. Espero que este livro mantenha viva essa memória.

Epílogo

Minha amiga Greet mudou de casa em 1995. Ao empacotar suas coisas, encontrou uma caixa debaixo da cama. Nela, havia uma carta:

6 de setembro de 1944 [para Greet Brinkhuis]
Prezada Gretchen,
Estou em um vagão de transporte de gado com doze mulheres, em Vught. Provavelmente, rumo a Sachsenhausen ou Ravensbrück. Trate de manter o ânimo elevado. Farei o mesmo, embora realmente deseje que o fim esteja próximo. Vou jogar este bilhete para fora do trem por uma fenda na parede. Adeus, minha querida.
Beijos, Marga

Greet havia se esquecido por completo da carta e eu também nunca pensei em perguntar a ela sobre isso. Tantas coisas extraordinárias estavam acontecendo naquela época que era fácil ignorar um pequeno milagre como o recebimento desse bilhete. Um homem bondoso, talvez o chefe da estação, o havia enviado para ela. Um sinal de vida meu, Selma.

Fotos

À ESQUERDA: *Foto do passaporte de Barend Velleman, papai.* Circa *1931.*

À DIREITA: *Foto de passaporte de Femmetje Spier, mamãe.* Circa *1942.*

Mamãe, papai, Selma (aos 4 ou 5 anos), David (13) e Louis (15, em pé). **Circa** *1926.*

EM CIMA, À ESQUERDA: *Artigo de jornal com a legenda: "Isso sim é algo incrível: beber leite de canudinho. Basta olhar para a expressão dos alunos para ver como estão adorando...". Clara está em primeiro plano, 24 de janeiro de 1939.*

EM CIMA, À DIREITA: *Selma e Clara. Diemen,* circa *1930.*

EMBAIXO: *Femmetje (mamãe), Clara, Jo Grobfeld, que era uma grande amiga, e Selma (da esquerda para a direita). Diemen, 1930.*

Em cima: *Selma com Jo Grobfeld e Frieda Twelkemeyer, uma amiga da escola (da esquerda para a direita). Amsterdã, 3 de junho de 1937.*

À esquerda: *Clara (11 anos). Jan Lievensstraat, Amsterdã, 1939. Foto tirada por Selma com sua câmera Lumière.*

Selma (à esquerda) em seu aniversário, com as primas Janni (no centro) e Emily (que morreu em 1943). Jan Lievensstraat, Amsterdã, junho de 1940.

À ESQUERDA: *David de uniforme. Londres, circa 1940.*

À DIREITA: *Louis de uniforme. Londres, 11 de outubro de 1941.*

Mamãe, papai, Clara, Selma (à direita). Amsterdã, outubro de 1941.

Selma no Oude Singel, em Leiden, durante o período que passou escondida. Maio de 1943.

À ESQUERDA: *Carta de Selma a Greet Brinkhuis, redigida no trem que saiu do Campo Vught com destino a Ravensbrück, 6 de setembro de 1944. O bilhete foi encontrado e enviado pelo "sr. Zoete". Selma tentou localizá-lo após a guerra. Apesar de se encontrar com muitos Zoete, ela nunca conseguiu agradecer-lhe.*

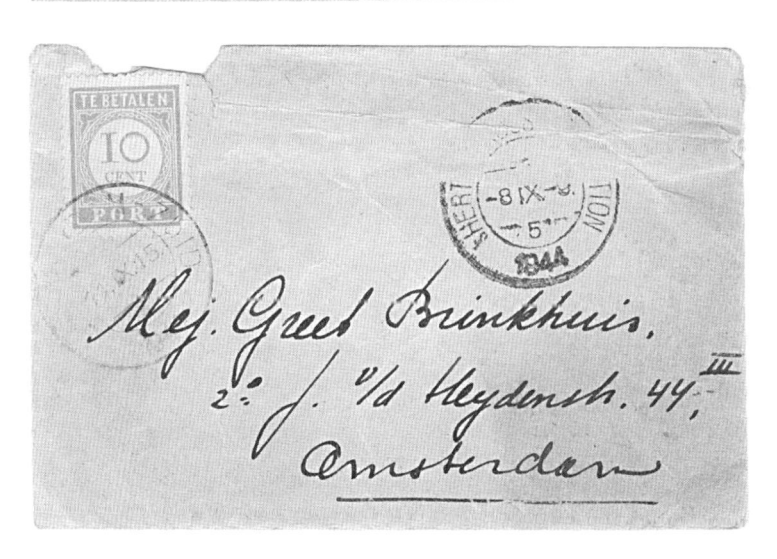

EM CIMA: *O envelope da carta, endereçado à Senhorita Greet Brinkhuis.*

Em cima: *Selma (embaixo, no centro), Dit Kuyvenhoven (à esquerda de Selma), Thea Boissevain (à direita de Selma) e alguns amigos suecos. Äppelviken, Suécia, 24 de junho de 1945.*

Embaixo: *Primeiro voo da Suécia à Holanda após a libertação. Dit Kuyvenhoven (segunda, a partir da esquerda) e Wil Westerweel (sexta, a partir da esquerda). Schiphol, verão de 1945.*

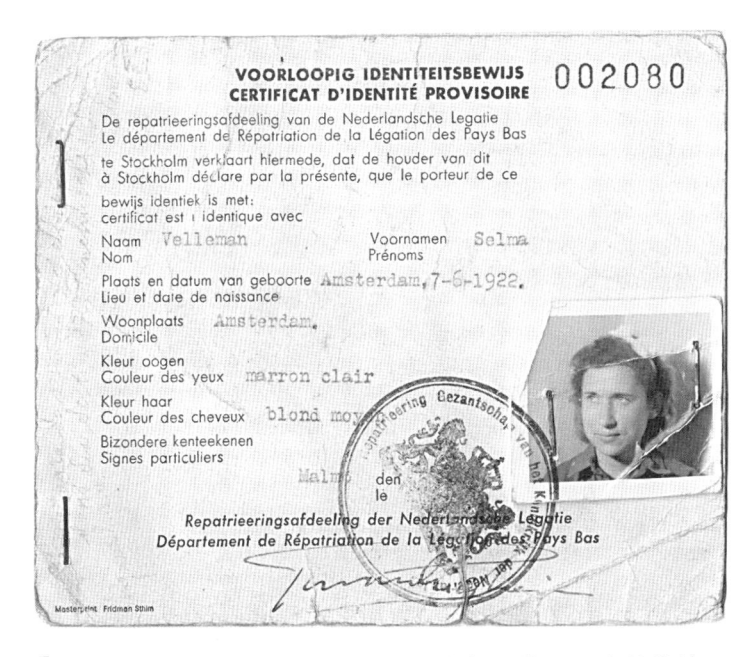

Em cima: *Documento de Inspetoria para Repatriação de Amsterdã, agosto de 1945. Lê-se: "Selma Velleman. Amsterdã, 7-6-1922. Cor dos olhos: castanho-claro. Cor dos cabelos: louro médio".*

À esquerda: *David, Selma, o sr. e a sra. Jongeneel. (O sr. Jongeneel era o filho da família com a qual David ficou hospedado durante o primeiro ano da guerra.) Middelburg, setembro de 1945.*

MINISTERIE VAN OORLOG

The Hague, 6-11-1945

Movement Order

You are ordered to proceed by special military aircraft from the Hague to London on or about the ..14... of November 1945 and to report for duty to the Neth. Ministry of War, Arlingtonhouse, Arlingtonstreet London S.W.1.

THE NETH. MINISTER
OF WAR,
for the Minister,
the Secretary General,

L.C. Rietveld.

to
Miss S. Velleman passportno. 427864.

14/11. 45. 10 uur.

Selma é enviada para Londres por ordem do ministro da Guerra e parte em 14 de novembro de 1945.

EM CIMA: *Partindo para Londres, 1945.*

EMBAIXO: *Logo após chegar a Londres, 1945. Foto tirada por Louis.*

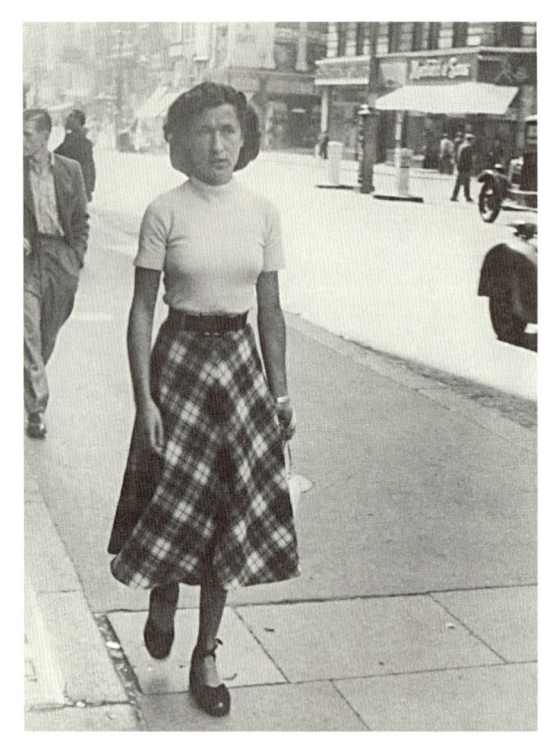

À ESQUERDA: *Selma em Londres, 1949.*

À DIREITA: *Jogando tênis no Lincoln's Inn com duas amigas da BBC (no centro, Selma). Londres, 17 de abril de 1949.*

À ESQUERDA: *Selma e Hugo no dia de seu casamento em Londres, 15 de novembro de 1955.*

À DIREITA: *Selma no dia de sua formatura (em seu penúltimo mês de gravidez). Londres, maio de 1957.*

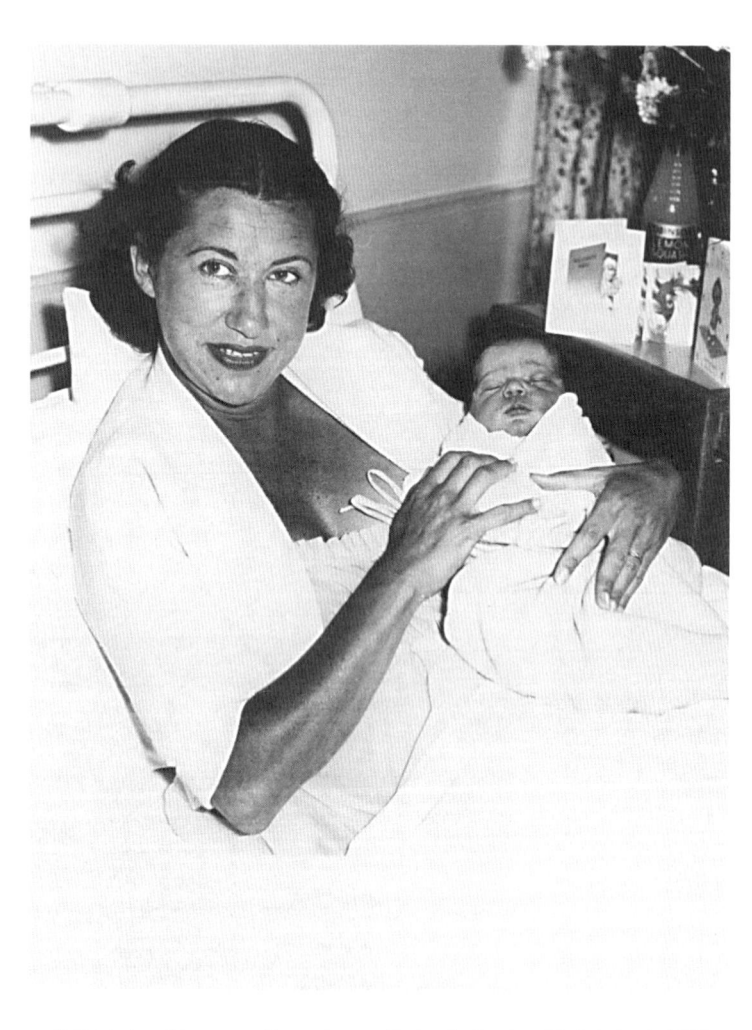

Selma no hospital com seu filho recém-nascido Jocelin. Londres, 23 de junho de 1957.